京华通览
历史文化名城
主编／段柄仁

北京的道路

吴云起／编著

北京出版集团公司
北京出版社

图书在版编目（CIP）数据

北京的道路 / 吴云起编著. — 北京：北京出版社，2018.12
（京华通览）
ISBN 978-7-200-13448-3

Ⅰ.①北… Ⅱ.①吴… Ⅲ.①城市道路—介绍—北京 Ⅳ.①K921

中国版本图书馆 CIP 数据核字（2017）第 266539 号

出版人	曲　仲
策　划	安　东　于　虹
项目统筹	董拯民　孙　菁
责任编辑	高　琪　周　亮
封面设计	田　晗
版式设计	云伊若水
责任印制	武绽蕾

"京华通览"丛书在出版过程中，使用了部分出版物及网站的图片资料，在此谨向有关资料的提供者致以衷心的感谢。因部分图片的作者难以联系，敬请本丛书所用图片的版权所有者与北京出版社集团公司联系。

京华通览
北京的道路
BEIJING DE DAOLU
吴云起　编著

*

北京出版集团公司
北京出版社　出版

（北京北三环中路6号）
邮政编码：100120

网　址：www.bph.com.cn
北京出版集团公司总发行
新　华　书　店　经　销
北京华联印刷有限公司印刷

*

880毫米×1230毫米　32开本　6.75印张　139千字
2018年12月第1版　2018年12月第1次印刷
ISBN 978-7-200-13448-3
定价：45.00元

如有印装质量问题，由本社负责调换
质量监督电话：010-58572393

《京华通览》编纂委员会

主　任　段柄仁
副主任　陈　玲　曲　仲
成　员　（按姓氏笔画排序）
　　　　于　虹　王来水　安　东　运子微
　　　　杨良志　张恒彬　周　浩　侯宏兴
主　编　段柄仁
副主编　谭烈飞

《京华通览》编辑部

主　任　安　东
副主任　于　虹　董拯民
成　员　（按姓氏笔画排序）
　　　　王　岩　白　珍　孙　菁　李更鑫
　　　　潘惠楼

序

PREFACE

擦亮北京"金名片"

段柄仁

北京是中华民族的一张"金名片"。"金"在何处？可以用四句话描述：历史悠久、山河壮美、文化璀璨、地位独特。

展开一点说，这个区域在 70 万年前就有远古人类生存聚集，是一处人类发祥之地。据考古发掘，在房山区周口店一带，出土远古居民的头盖骨，被定名为"北京人"。这个区域也是人类都市文明发育较早，影响广泛深远之地。据历史记载，早在 3000 年前，就形成了燕、蓟两个方国之都，之后又多次作为诸侯国都、割据势力之都；元代作为全国政治中心，修筑了雄伟壮丽、举世瞩目的元大都；明代以此为基础进行了改造重建，形成了今天北京城的大格局；清代仍以此为首都。北京作为大都会，其文明引领全国，影响世界，被国外专家称为"世界奇观""在地球表面上，人类最伟大的个体工程"。

北京人文的久远历史，生生不息的发展，与其山河壮美、宜生宜长的自然环境紧密相连。她坐落在华北大平原北缘，"左环沧海，右拥太行，南襟河济，北枕居庸""龙蟠虎踞，形势雄伟，南控江淮，北连朔漠"。是我国三大地理单元——华北大平原、东北大平原、内蒙古高原的交会之处，是南北通衢的纽带，东西连接的龙头，东北亚环渤海地区的中心。这块得天独厚的地域，不仅极具区位优势，而且环境宜人，气候温和，四季分明。在高山峻岭之下，有广阔的丘陵、缓坡和平川沃土，永定河、潮白河、拒马河、温榆河和蓟运河五大水系纵横交错，如血脉遍布大地，使其顺理成章地成为人类祖居、中华帝都、中华人民共和国首都。

这块风水宝地和久远的人文历史，催生并积聚了令人垂羡的灿烂文化。文物古迹星罗棋布，不少是人类文明的顶尖之作，已有1000余项被确定为文物保护单位。周口店遗址、明清皇宫、八达岭长城、天坛、颐和园、明清帝王陵和大运河被列入世界文化遗产名录，60余项被列为全国重点文物保护单位，220余项被列为市级文物保护单位，40片历史文化街区，加上环绕城市核心区的大运河文化带、长城文化带、西山永定河文化带和诸多的历史建筑、名镇名村、非物质文化遗产，以及数万种留存至今的历史典籍、志鉴档册、文物文化资料，《红楼梦》、"京剧"等文学艺术明珠，早已成为传承历史文明、启迪人们智慧、滋养人们心灵的瑰宝。

中华人民共和国成立后，北京发生了深刻的变化。作为国家首都的独特地位，使这座古老的城市，成为全国现代化建设的领头雁。新的《北京城市总体规划（2016年—2035年）》的制定和中共中央、国务院的批复，确定了北京是全国政治中心、文化中心、国际交往中心、科技创新中心的性质和建设国际一流的和谐宜居之都的目标，大大增加了这张"金名片"的含金量。

伴随国际局势的深刻变化，世界经济重心已逐步向亚太地区转移，而亚太地区发展最快的是东北亚的环渤海地区、这块地区的京津冀地区，而北京正是这个地区的核心，建设以北京为核心的世界级城市群，已被列入实现"两个一百年"奋斗目标、中国梦的国家战略。这就又把北京推向了中国特色社会主义新时代谱写现代化新征程壮丽篇章的引领示范地位，也预示了这块热土必将更加辉煌的前景。

北京这张"金名片"，如何精心保护、细心擦拭，全面展示其风貌，尽力挖掘其能量，使之永续发展，永放光彩并更加明亮？这是摆在北京人面前的一项历史性使命，一项应自觉承担且不可替代的职责，需要做整体性、多方面的努力。但保护、擦拭、展示、挖掘的前提是对它的全面认识，只有认识，才会珍惜，才能热爱，才可能尽心尽力、尽职尽责，创造性完成这项释能放光的事业。而解决认识问题，必须做大量的基础文化建设和知识普及工作。近些年北京市有关部门在这方面做了大量工作，先后出版了《北京通史》（10卷本）、《北京百科全书》（20卷本），各类志书近900种，以及多种年鉴、专著和资料汇编，等等，为擦亮北京这张"金名片"做了可贵的基础性贡献。但是这些著述，大多是服务于专业单位、党政领导部门和教学科研人员。如何使其承载的知识进一步普及化、大众化，出版面向更大范围的群众的读物，是当前急需弥补的弱项。为此我们启动了"京华通览"系列丛书的编写，采取简约、通俗、方便阅读的方法，从有关北京历史文化的大量书籍资料中，特别是卷帙浩繁的地方志书中，精选当前广大群众需要的知识，尽可能满足北京人以及关注北京的国内外朋友进一步了解北京的历史与现状、性质与功能、特点与亮点的需求，以达到"知北京、爱北京，合力共建美好北京"的目的。

这套丛书的内容紧紧围绕北京是全国的政治、文化、国际交往和科技创新四个中心，涵盖北京的自然环境、经济、政治、文化、社会等各方面的知识，但重点是北京的深厚灿烂的文化。突出安排了"历史文化名城""西山永定河文化带""大运河文化带""长城文化带"四个系列内容。资料大部分是取自新编北京志并进行压缩、修订、补充、改编。也有从已出版的北京历史文化读物中优选改编和针对一些重要内容弥补缺失而专门组织的创作。作品的作者大多是在北京志书编纂中捉刀实干的骨干人物和在北京史志领域著述颇丰的知名专家。尹钧科、谭烈飞、吴文涛、张宝章、郗志群、姚安、马建农、王之鸿等，都有作品奉献。从这个意义上说，这套丛书中，不少作品也可称"大家小书"。

总之，擦亮北京"金名片"，就是使蕴藏于文明古都丰富多彩的优秀历史文化活起来，使充满时代精神和首都特色的社会主义创新文化强起来，进一步展现其真善美，释放其精气神，提高其含金量。

2017 年 11 月

目录
CONTENTS

概　述 / 1

城市轴线

南北轴线 / 8

　前门大街、箭楼环路 / 11

　地安门内大街 / 13

　地安门外大街 / 13

　鼓楼外大街 / 14

　北辰路 / 15

　北长街、南长街 / 16

　景山西街 / 17

　南苑路 / 17

东西轴线 / 18

　　长安街 / 21

　　建国门内大街 / 24

　　建国门外大街 / 25

　　复兴门内大街 / 26

　　复兴门外大街 / 26

　　复兴路 / 27

　　石景山路 / 28

环路和城市快速路

一环路 / 30

二环路 / 30

　　广渠门北滨河路 / 34

　　安定门东大街 / 35

　　广安门北滨河路 / 36

三环路 / 36

　　南三环东路 / 39

　　北三环东路 / 40

四环路 / 41

　　北四环中路 / 45

五环路 / 46

六环路 / 47

城市快速路 / 49

　　东北城角联络线 / 49

通惠河北路 / 49

蒲黄榆路 / 50

丽泽路和丰北路 / 50

莲石路 / 51

阜石路 / 51

阜成路 / 52

西直门外大街 / 53

万泉河路 / 54

学院路 / 54

德胜门外大街 / 55

二环路内主干路

南北向主干路 / 59

雍和宫大街 / 62

崇文门外大街 / 64

天坛东路 / 65

西单北大街 / 66

新街口南大街、新街口北大街 / 67

西四南大街、西四北大街 / 68

宣武门内大街 / 68

东西向主干路 / 70

西直门内大街 / 79

张自忠路 / 80

地安门西大街 / 82

景山前街 / 83

文津街 / 84

西安门大街 / 84

西四东大街 / 84

阜成门内大街 / 85

前门西大街 / 85

宣武门东大街、宣武门西大街 / 87

珠市口东大街 / 87

广渠门内大街 / 88

珠市口西大街 / 88

骡马市大街 / 89

广安门内大街 / 89

二环路内次干路

南北向次干路 / 91

北京站街 / 97

安定门内大街 / 97

正义路 / 98

幸福大街 / 99

左安门内大街 / 100

德胜门内大街 / 100

西什库大街 / 101

府右街 / 101

南新华街 / 102

北新华街 / 102

虎坊路 / 103

赵登禹路 / 103

太平桥大街 / 104

佟麟阁路 / 104

长椿街 / 105

牛街 / 105

右安门内大街 / 106

东西向次干路 / 107

景山后街 / 110

东华门大街 / 110

天坛路 / 112

体育馆路、光明路 / 112

北纬路 / 113

南横东街、南横西街 / 113

枣林前街 / 114

陶然亭路 / 114

白纸坊东街、白纸坊西街 / 114

丰盛胡同 / 115

二环路内支路

南北向支路 / 117

南锣鼓巷 / 121

北锣鼓巷 / 122

东花市斜街 / 123

夕照寺街 / 123

白广路 / 124

菜园街、南菜园街 / 124

西便门内大街 / 125

北线阁街、南线阁街 / 125

西黄城根南街 / 126

西黄城根北街 / 126

旧鼓楼大街 / 127

东西向支路 / 128

永定门东街 / 133

东交民巷 / 133

国子监街 / 135

西花市大街、东花市大街 / 136

永定门西街 / 136

新文化街 / 137

二环路外城近郊道路

次干路 / 140

北苑路 / 149

太阳宫路 / 150

首都机场路 / 150

青年路 / 151

东坝路 / 151

和平里东街 / 151

和平里北街 / 152

东直门外大街与斜街 / 153

新街口外大街 / 153

展览馆路 / 154

北安河路 / 154

北清路 / 155

高梁桥路 / 155

支　路 / 156

杨庄东街 / 167

双清路 / 167

胡同

二环路内的胡同 / 172

二环路外的胡同 / 175

放射线道路

通往郊区主要道路 / 178

首都机场高速路 / 178

京顺路 / 178

通往外省市主要道路 / 180

北京—通辽 / 180

北京—山海关 / 181

北京—哈尔滨 / 182

北京—塘沽 / 183

北京—福州 / 185

北京—广州 / 185

大庆—北京—广州 / 186

北京—深圳 / 187

北京—昆明 / 187

北京—拉萨 / 188

北京—银川 / 190

北京—开封 / 191

北京—大同 / 191

北京—上海 / 192

北京—港澳 / 193

北京—乌鲁木齐 / 194

参考书目 / 195

后　记 / 197

概　述

　　北京作为著名古都，历史上，城区的道路随皇城城墙位置的变迁与社会的发展几经变迁，在今市区的中心地带仍然保留着一部分反映城市道路发展历史的古迹。中华人民共和国成立前，城区为棋盘式的道路格局，中华人民共和国成立后发展为中心区继承棋盘式格局，外围为由环线加放射线构成的路网系统。

　　金贞元元年（1153），在今广安门一带原辽南京城的基础上建立新城（即中都）。中都城有13个门，每个城门内都建有笔直宽阔的大街，如光泰门街、崇智门街、通玄门街、景风门街等构成南北向干道，施仁门街、彰义门街等构成东西向干道。

　　元代在金中都东北部新建元大都，其北城墙在安定门外小关一线，南城墙在今东、西长安街南侧，东城墙位于建国门北大街至东土城路一线，西城墙位于复兴门北大街至西土城路一线。元大都有城门11座，城内的大街构成全城主干道。东西向干道有崇仁门街、齐化门街、平则门街、和义门街等，南北向干道有文明门街、顺承门街、健德门街、安贞门街等。大街宽37.2米，大街之间有小街，小街宽18.6米，小街之间有胡同，胡同宽9.3米。形成棋盘式街道格局。

明代北京城北面城墙自元大都北城墙向南移5里，与健德门相对应建德胜门，与安贞门相对应建安定门。永乐十八年（1420）南城墙向南移2里，建崇文门、正阳门、宣武门，分别与文明门、丽正门、顺承门相对应。皇城居内城中心，突出皇权至上。嘉靖三十二年（1553）筑外城，设广渠门、左安门、永定门、右安门、广安门、西便门、东便门7个城门。明代北京城在设计上采用一条贯穿南北的中轴线，一切重要建筑都安排在中轴线上或在中轴线两侧相对称的位置上。明代北京城内的街道遇皇城即被阻断。主要街道都与中轴线相平行或垂直。城内东西向只有外城自广安门至广渠门能够直通。贯通内外城的南北向干线仅有新街口至菜市口、交道口至磁器口两条，中轴线上的大道并不畅通。

清代北京城，基本沿袭明代城市道路体系，路网呈棋盘式。经由城门向外省、府建有石板道。如雍正三年（1725）至雍正八年（1730）建成从广安门至小井村的石板道，长5000米，宽6.7米，该路段在乾隆二十二年（1757）又从小井村延至大井村。朝阳门至通县的石板道长18.6公里，宽6.7米，两边土路各宽5米。西直门经高梁桥至圆明园亦建石板道。乾隆二十九年（1764），建成由德胜门至清河的大道。阜成门外至门头沟也建有大道。因受城墙阻隔，对外交通较闭塞。

民国时期，北平城市道路的改建，首先是从皇城内的道路开始的。1912年拆长安左门、长安右门及部分围墙，东、西长安街始连通形成东、西干道。1913年开通神武门与景山之间的道路，允许通行，改变了东、西城之间联系困难的状况。以后又开通了南长街、北长街、南池子、北池子、南河沿、府右街、宽街、厂桥等处的皇城便门道路，使南北之间的道路也畅通了。1914年拆除正阳门瓮城，东、西月墙开辟两门修建马路。通过对市区内明沟改暗沟，修通了南、北新华街，建成北沟沿（现太平桥大街、赵登禹路）。1928年前后，结合"模范市区"建设在虎坊桥东南一带修建了万明路、永安路等。虎坊桥设有环岛，万明路路口建有"新世界"大楼，使这一带有了近代城市的气息。

1939年日本侵占时期，计划在东郊开辟工业区，在西郊建新市区，因此在东城墙开辟启明门（后改称建国门），修建国门外大街，西城墙开辟长安门（后改称复兴门），修复兴门外大街。截至1949年年初北平解放时，城市道路仅有215公里、140万平方米（其中道路铺装面积约103万平方米）。道路宽度多在10米以下，东、西长安街也仅15米宽。由于道路失修失养，沥青路油皮脱落、龟裂、破损严重，胡同均为土路，坑洼不平，遇雨满街泥泞，故有"无风三尺土，有雨一街泥"之民谚。

北平解放后至1990年，市域经过了3次较大的调整，规划城区的面积也几经调整，道路建设随规划城区的扩大、社会经济的发展而发展。1949年北京市城区面积仅限于今二环路以内约62平方公里；1958年北京市域扩至16800平方公里，城区的规划面积调整为约 750 平方公里。城区的道路建设为适应城区发展，确立了在城区改善原有棋盘式道路格局的基础上，外围形成由环线加放射线组成的道路网系统。

1949 年至 1952 年，中华人民共和国成立初期百废待兴，为迅速改变城市面貌，对原有的旧路进行有计划的整修改建，城区内主要改建的道路有东长安街、崇文门外大街、宣武门外大街、广安门内大街、朝阳门内大街等。

1953 年至 1957 年，北京大规模城市建设开始，城区道路建设围绕"整顿、疏通中心区道路，加强市中心区与市郊区的联系，避免把最大的交通量引到市中心来"的要求展开。在市中心对长安街进行展宽，打通了西单至复兴门的路段（东西轴线之一部分）和朝阳门至阜成门的道路（朝阜干线），整治了平安里、地安门至东四十条路段，在城区构成了自西单经平安里至北新桥、东单到西单的当时较为通畅的环线，改建广安门至菜市口道路。在市中心区与近郊区间修建了通往西北郊文教区的、东北郊安定门至南湖渠、南郊永定门至南苑等的道路。1958 年至 1959 年，按照《北京市城市建设总体规划初步方案的要点》，城区道路建设在充分利用城区现有道路的基础上，采取展宽、打通、取直等办法进行道路改建；开辟部分放射路和环状路与市中心区原有的棋盘式道路结合起来，建设首都新道路网。为迎接中华人民共和国成立十周年大庆，在对天安门广场进行改造的同时，改建东、西长安街，打通建国门至东单的道路，形成了从复兴门至建国门的市区东西道路轴线；修建了工人体育场北路、东大桥路，贯通了东南三环路及沟通郊区的丰台东路、小红门路、南湖渠路等。1953年至1959年的7年间，城市道路增长至923公里（道路总面积734万平方米）。城区东西向交通不便与进出城区交通不便的状况得到改善。

1960年至1975年的16年间，受国民经济暂时困难等影响，城市道路建设缓慢。

1976年至1985年的两个五年计划期间，城市道路按统一规划、统一计划、统一建设的要求（分轻、重、缓、急）开展。这一时期，道路建设的重点放在提高市区干道通行能力、尽力开拓一些城市干道，打通一些卡口、堵头，以及在规划的快速路上有计划地建设立交桥。

1986年，北京市人民政府提出了"打通两厢、缓解中央""建设二、三环快速路"的战略部署，明确道路建设的标准：人车分流；各种车辆各行其道、路口交通渠化、路段设港湾停车站；建设主路不设信号灯管制的城市快速路。1987年东厢工程开工，于1989年实现了自东便门经广渠门、蒲黄榆、刘家窑至木樨园的道路桥梁建设；1990年9月完成刘家窑至分钟寺的道路桥梁建设，东厢工程结束。同期还进行了北辰路、鼓楼外大街、北四环路、安外大街、南三环（木樨园至洋桥段）等为第十一届亚运会配套的道路工程建设。1990年8月，西厢工程（从复兴门经西便门、广安门、菜户营至右安门）开始实施。

截至1990年年底，市区道路有2710公里（2366万平方米），道路长度是北平解放时的12.6倍（道路面积为16.9倍）。

1992年，北京市通过实施西厢工程、西北二环改造、南厢工程，二环路全线贯通，开始了城市快速路的高速发展建设。1994年三环路的建成通车和2001年四环路的建成通车，极大改善了城区交通状态。2000年西外大街、2001年学院路、2002年德外大街和万泉河路、2005年东北城角联络线等一系列城市快速路相继建成，打通了出城交通节点。2005年后，莲花池东路、莲花池西路、通惠河北路、阜石路及蒲黄榆路南延等一批城市快速路通车，市区快速路网系统基本形成。截至2010年，全市快速路通车里程达221公里。

城市轴线

明代修建北京内城,建皇城,自南向北的正阳门、大明门、承天门、端门、午门、奉天(皇极)殿、华盖(中极)殿、谨身(建极)殿、玄武门、北安门、鼓楼、钟楼等形成一条南北中轴线。以后修建外城,永定门也在此轴线上。还有一些建筑如太庙(今劳动人民文化宫)、社稷坛(今中山公园)、日坛和月坛等均在此轴线两侧相对称的位置上,并在轴线位置上修了部分道路。1949年北平解放后,将城市道路向东、西方向继续延长,形成东西轴线。东西轴线包括东长安街、建国门内大街、建国门外大街、建国路、西长安街、复兴门内大街、复兴门外大街等。

南北轴线

元代，元大都丽正门外向南是出京城向南的官道（今前门大街往南），已形成土路。

明代修建皇城后，今地安门内大街、景山东街、景山西街、北池子大街、南池子大街、北长街、南长街均在当时皇城以内，属于禁区，老百姓不得入内。今前门大街、天桥南大街在明、清时是皇帝去天坛祭天走的御道。

北京城南北中轴线

清光绪三十一年（1905）前门大街、天桥南大街修成碎石路面。清光绪三十三年（1907）地安门外大街修成7.6米宽的碎石路（原为石板道，后损坏）。清宣统元年（1909）北长街、景山东街、地安门内大街修成碎石路面。清宣统三年（1911）修建前门火车站，以后，前门大街逐渐形成著名的商业街。

1912年，原皇城禁区开放，南池子大街、北池子大街、北长街、南长街、景山东街、景山西街、地安门内大街均对社会开放，社会车辆开始通行。

1914年，拆除正阳门的瓮城城墙，保留了箭楼，在正阳门的两侧开辟了两个城门洞，内外城之间较为通畅。1918年，由京都市政公所修南长街碎石路面。1924年，北长街、前门大街（前门火车站—珠市口段）、天桥南大街、永定门内大街均修成沥青路面。1935年，自永定门外大街至大红门之间修碎石路面，后在永定门至永宁铁路之间修6米宽的水泥混凝土路面。1936年，在南长街、景山东街、景山西街、地安门内大街、地安门外大街由工务局修沥青路面。1940年，在前门大街珠市口以南段修碎石路面。同年，在天桥南大街、永定门内大街修6米宽的水泥混凝土路面。1941年，地安门外大街修成沥青路面。

1949年北平解放后，将修建于城市南北轴线及其延长线上的路形成南北轴线道路。这些道路包括地安门内大街、地安门外大街、鼓楼外大街、北辰路、前门大街、天桥南大街、永定门内大街、永定门外大街、南苑路、南池子大街、北池子大街、南长街、北长街、景山东街、景山西街、天安门广场东侧路等。其中最长的路是南苑路，长6041米；最短的路是地安门内大街，长550米。

1950年，将地安门外大街扩展成15米宽沥青路面。1953年，对永定门至南苑的道路进行改造，其中永定门外大街至木樨园一段修成9米宽水泥混凝土路面，南苑路按规划新辟9米宽砾石路面（其中大红门附近有1公里因拆迁问题未按规划位置修建）。同年，地安门内大街加铺沥青混凝土面层。1955年，拆除了地安门皇城城门，使地安门内外更加通畅。同年拆除前门五牌楼。1958年，景山东街、景山西街的道路做加固工程。同年，对永定门内大街进行展宽加固，路面由10.8米宽扩至18~23米，中间部分为有轨电车道，仍保留水泥混凝土面层，两侧加宽部分为沥青路面。1959年，在翻修天安门广场的同时，将广场两侧建成30米宽的沥青路面。同年，永定门外关厢地段展宽成18米沥青路面，拆除永定门至天桥之间的有轨电车道。

1962年，南池子大街加铺沥青混凝土面层。1964年，地安门外大街两侧修水泥砖人行道。1965年，南苑路展宽成10.5米宽沥青路面。同年，在南池子大街、北池子大街两侧修水泥砖人行道。1966年，南长街、北长街两侧修水泥砖人行道。1968年，景山西街展宽成9米路面。

1974年在景山东街、1975年在景山西街修水泥砖人行道。1977年，将前门大街绕箭楼部分修成环路，机动车道宽18米、非机动车道宽8米，均为沥青路面。

1981年，对南长街、北长街道路做加固工程，修成10米宽沥青路面，更换水泥立缘石及水泥方砖人行道。1985年，前门

前门及瓮城旧影

大街道路做加固工程，同时更换水泥立缘石及水泥方砖人行道。1986年10月至1990年5月，为迎接第十一届亚运会，新辟北辰路成三幅式路面，机动车道宽16.6~22.6米，非机动车道各宽7~9米，两侧人行道各宽5米。

1990年新辟鼓楼外大街，修成三幅式路面，机动车道宽27.5米，非机动车道宽7米，两侧人行道各宽5米。

前门大街、箭楼环路

前门大街北起正阳门箭楼，经西打磨厂、鲜鱼口、珠市口，南至天坛路西口，与天桥南大街相接，全长1625米，是北京城区中轴线上的一条重要街道。明嘉靖时期，这里是一条宽阔的大道。后来一些商贩在大道两旁搭盖棚房，居住经商。清乾隆时期，棚房逐渐改建为正式店房，形成一条大街及东西各一条里街。该街名为正阳门大街，俗称前门大街，1965年定现名。在街北端和正阳门箭楼前有护城河，河上架3座石桥。桥南建一座六柱五间五楼冲天木结构牌楼（俗称五牌楼）。1946年，前门至永定门一些路段及大蒋家胡同（今大江胡同）曾铺设沥青路8100多平方米。1949年，前门大街五牌楼以南至鲜鱼口西口一段为沥青路，再往南则为石碴路。1955年拆除五牌楼。20世纪50年代末修建盖板河时将桥拆除，并在箭楼东西两侧修建环路。1977年环路扩建后，机动车道宽18米，非机动车道宽8米，快慢车分隔带宽4米，人行道宽10米。同期，将前门大街路面改建为沥青石碴底层，黑色碎石面层结构。前门大街宽度为：环路至肉市一巷24.5米，肉市一巷至鲜鱼口19米，鲜鱼口以南15米。

2007年，前门大街由沥青混凝土路面改为石条路面，街北建仿古牌楼一座，成为商业步行街。2008年4月，新建前门东路和改建煤市街，形成前门东侧路和前门西侧路，均为单行线，设三车道及非机动车道，解决南北交通问题。2009年9月28日，商业步行街"开街"。

正阳门城墙及前门火车站旧影

地安门内大街

地安门内大街因在原清皇城地安门以内，故名。南起景山后街，中与黄化门街、米粮库胡同相交，北至地安门西大街。长550米，路面面积7143平方米，人行道面积5636平方米。原为皇城内道路，宣统元年（1909）修成碎石路面，宽8米。1936年修成沥青路面。1955年2月拆除地安门，使道路更加通畅。1973年9月至10月，两侧修水泥砖人行道。1990年，黄化门以南为一幅式路面，车行道宽12.5米，两侧人行道各宽7米；黄化门以北路面宽12.5米，东侧人行道宽8米，人行道外是公共汽车停车场，路北端有宽2米的分隔带，非机动车道宽4米，西侧人行道宽5米。道路结构为：5厘米沥青混凝土路面、13厘米沥青碎石联结层、15厘米石灰土基层。

地安门外大街

北起鼓楼，与鼓楼西大街、鼓楼东大街衔接，南至地安门，与地安门西大街、地安门东大街、地安门内大街衔接。地安门外大街旧时分为两段，以万宁桥（后门桥）为界。以北至鼓楼，明代称"鼓楼下大街"，因在鼓楼之下而得名；清光绪《顺天府志》称"鼓楼大街"。以南，清代称"地安门大街"（自万宁桥至景山后街，包括今地安门外大街南段以及今地安门内大街）。中华民国初年未变。后改以地安门为界，地安门以北称"地安门大街"，

地安门外大街上的万宁桥

以南称"地安门内大街"。中华人民共和国成立后，地安门以北称"地安门外大街"，与地安门内大街相对。大街上有许多古迹，如万宁桥、为宝书局（现为新华书店地安门店）、旧式铺面房（现为瑞蚨祥地安门店）等。万宁桥下，有玉河流过该大街。

鼓楼外大街

1986年，新辟北中轴路，拆除民房1550间，拆迁企事业单位13个。1990年，铺筑道路南段，南起安定门西大街，北止北辰路，全长1642米，为三幅路形式，中间快车道宽24~27.5米，两侧慢车道各宽7~9米，快慢车道间隔离带各宽2.5米，两侧人行步道各宽5米。道路结构为9%灰土处理路基15厘米，石灰土底层20厘米，石灰粉煤灰稳定砂砾基层20~33厘米，沥青碎石联结层6厘米，沥青混凝土面层8厘米，是一条高等级道路。1990年，命名为鼓楼外大街。

鼓楼外大街北端是北辰路。二路相衔，是北京南北中轴线北段沟通北二环、北三环、北四环路的重要通道。

北辰路

北起北四环中路，南至安华桥与鼓楼外大街相接。长1256米，路面面积55356平方米，人行道面积12640平方米。

1986年10月至1990年5月，为迎接第十一届亚运会的召开，由北京市第一市政工程公司施工新辟此路。该路为三幅式路面，机动车道宽16.6米(有停车港湾处宽22.6米)，分隔带各宽5.5米，非机动车道宽7~9米，两侧人行道各宽5米。机动车道道路结构为：8厘米粗级配中粒式沥青混凝土面层，6厘米沥青碎石联结层，30厘米石灰粉煤灰砂砾，45厘米石灰土基层。非机动车道道路结构为：5厘米粗级配中粒式沥青混凝土面层，15厘米石灰粉煤灰砂砾，15厘米石灰土基层。沿线均为管道排水，部分地段筑挡土墙，有过街通道1座。沿线单位有奥林匹克体育中心等。

2003年后，为配合北京奥运会场馆及奥运村设施建设，修建了北辰东路1.7公里、奥林东路1.7公里、北辰西路2.79公里、奥林西路1.7公里连通到北五环路，成为奥运村地区交通主干路。设计速度为60公里/小时，主路双向6车道，中间设隔离带，

北辰西路

辅路宽7~9米。2007年2月,北四环北辰桥改造工程开工。除加固桥梁外,重铺沥青混凝土路面。改造后新建辅路1条、匝道桥2座、通道桥4座。2008年6月完工通车。

北长街、南长街

北长街北起景山前街,南至西华门大街,路长808米,车行道宽9.5米,北长街建于清宣统元年(1909年)正月。1981年5月至6月,对北长街道路进行加铺工程,面积7999平方米。街内有福佑寺、昭显庙、静默寺等遗址。

南长街北起西华门大街,南至西长安街,路长780米,车行道宽10米。南长街在明代建皇城后形成,1913年在街南头的皇城城墙上开门洞后,与西长安街连通。1981年4月至5月,南长街新建合流管下水工程后,对道路进行翻修,新修车道宽10米,路长807米,铺筑沥青路面8214平方米。

景山西街

北起景山后街,南至景山前街,路长587米,车行道宽9米,1911年称西板桥大街,1965年更名为景山西街。1958年7月至8月,对景山西街进行综合治理工程。1959年3月至4月,对景山西街进行了加铺工程,加铺面积5424平方米。

南苑路

北起南三环中路木樨园立交桥,南至南苑三营门。长6041米,路面面积68297平方米。自元代开始,此路即是京城向南的官道。1935年,自永定门至大红门之间修了碎石路面。1953年,按规划位置新辟南苑路(只有大红门附近有1公里路段因拆迁原因未实现规划),修成9米宽砾石路面。1959年,拆除大红门附近的一些建筑物,使大红门附近1公里段道路按规划位置修成9米宽砾石路,1965年展宽成10.5米宽沥青路面。1971年,改建大红门桥,将原来的5孔石拱桥改为7米宽的5孔钢筋混凝土桥。南苑路是南苑地区的主要干线。

东西轴线

元代，大都南城墙在今东长安街、西长安街南侧位置，现在的东长安街、西长安街是元大都的南城根。

明永乐十八年（1420）将南城墙移至今崇文门、前门、宣武门一线。承天门（今天安门）前有"T"形广场，两侧有长安左门、长安右门。门外为东长安街和西长安街。东单以西及西单以东有东单牌楼及西单牌楼。东长安街、西长安街皇城范围内为禁区，不准百姓通行。清光绪三十一年（1905）和光绪三十三年（1907）先后在御河桥至东单、府右街至西单修成碎石路面。

1912年，拆除长安左门、长安右门，只留门洞，打开禁区，

长安左门旧影

使东长安街、西长安街可通行。1924年西长安街修成沥青路面，通有轨电车道。1928年，东长安街修成沥青路面，均宽15米。

1939年日本帝国主义侵华时期在东城墙开一豁口，叫启明门（今建国门），西城墙开长安门（今复兴门）。启明门至八王坟、长安门至玉泉路均辟6米宽砾石路面，护城河上架设木桥。

1949年北平解放后，将城市道路向东、西方向继续延长，形成东西轴线。除为日常交通服务外，也是群众游行和迎宾的重要路线。东西轴线包括东长安街、建国门内大街、建国门外大街、建国路、西长安街、复兴门内大街、复兴门外大街、复兴路、石景山路等。其中最长的路是建国路，长14532米；最短的路是复兴门内大街，长1429米。

1949年3月至9月，在玉泉路至石景山路之间修6米宽水泥混凝土路面（玉泉路至鲁谷段在今石景山路以南）。1950年6月至9月，在东长安街、西长安街东单至南长街之间修林荫大道，即南河沿以东在原15米道路的北侧，南河沿以西在原15米道路的南侧，各修一条15米宽的沥青路与旧路平行。新旧路之间有15~20米宽的林荫带，有轨电车行驶其中。王府井大街以东，因地势原因，北侧修1米多高的挡土墙，其北侧有小路及绿化带，一直保留到现在。1952年拆除东、西三座门门洞。1953年，建国门外大街道路由7米宽扩展至10米宽，修成沥青路。1954年，拆除了东单牌楼和西单牌楼（迁至陶然亭公园内重建）。1955年展宽西长安街西段（府右街至西单段）。最初设计为拆除西单头条以南的房屋，保留双塔寺，在其北修13米宽沥青路，最后决定拆除双塔寺，修成35~50米宽的一幅式沥青路。1956年5月至11月，展宽西单至复兴门之间的道路（原出城走旧刑部街、卧佛寺街，入城走邱祖胡同、报子胡同），展宽道路前，将两条胡同之间的房屋全部拆除，修成35米宽的一幅式沥青路。1957年5月至11月，将复兴门至木樨地之间原6米宽路面扩展至17米。1958年，展宽东单至建国门之间的道路，将裱褙胡同与观音寺胡同之间的房屋全部拆除，修成35米宽一幅式沥青路。1958年，拆除有轨电车道。1959年，为迎接国庆十周年，东长安街、西长安街进一步展宽，东单至府右街之间展宽到45~80米。两侧修水泥砖人行道，同年将建外大街展宽至30~35米。

1959年11月至1960年8月，打通石景山路，玉泉路至鲁谷段实现直通，不再绕行。1963年3月至1966年，建成西大望路至通县之间14米宽水泥路面或沥青路面。1969年在第一期地铁完成后，复兴门外大街至古城段修水泥混凝土路面。路面宽22~35米。公主坟以西两侧有宽6~7米非机动车道。古城以西修三幅式沥青路面，机动车道宽15米，非机动车道宽6米，以后

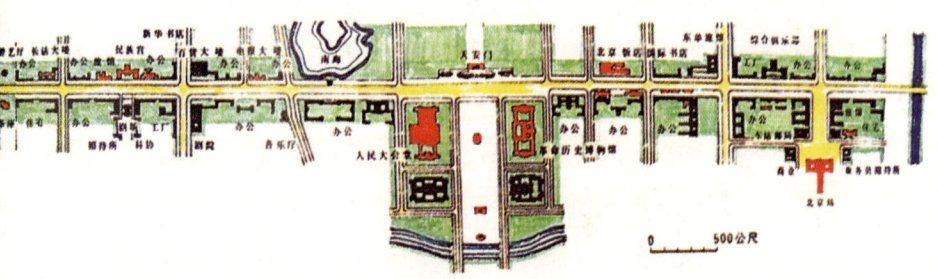

1964年长安街规划综合方案

长安街

逐渐完成两侧水泥砖人行道。

1974年，建成复兴门立交桥，1977年，完成建国门立交桥建设，1986年建成北窑桥立交桥。东西轴线形成一条百里长街，它既是交通的重要干线，又是群众集会、迎宾的重要路线。

长安街

长安街最初由东单路口至西单路口，全长3.32公里。1949年后多次扩建延伸，延伸至建国门和复兴门后，全长6.2公里。20世纪60年代末，长安街延长线东至通县，西达石景山，号称"百里长街"，被誉为"神州第一街"。

东长安街

始建于明代，长1507米、宽15米，土路。清光绪三十一年（1905），改建成石渣路。1928年，改建成沥青路。1950年，兴建长安街林荫大道，在南河沿以西的南侧，南河沿以东的北侧，各修一条 15 米宽的新路，共铺筑路面 3.6 万平方米。新路与旧路间的隔离带中行驶有轨电车，沿路种植 4 排高大乔木，形成绿化带。1954 年，拆除东长安街上的牌楼。1958 年，扩建南池子南口以西道路。1959 年，扩建南池子南口至东单道路，扩建长度共 1565 米，宽 45~80 米，铺筑沥青混凝土路面 8.69 万平方米。1984 年，对北侧红墙下的人行步道铺装水泥方砖。1988 年，将南池子至东单路段两侧路牙改建为花岗岩立缘石及平石。

西长安街

明、清两代的西长安街，因承天门（今天安门）右侧有长安右门（寓长治久安之意）而得名。1912 年自东向西依次分称三座门大街、府前街、西长安街。1956 年后统称西长安街。西长安街东起天安门广场西侧石板道边，中与府右街、北新华街相交，

长安街

西至西单北大街。长1742米，路面面积85444平方米，人行道面积40525平方米。

清光绪三十三年（1907）府右街至西单之间修成碎石路面，1912年拆除长安右门只留门洞，从此打通了东、西长安街，成为社会交通道路。

1921年，修成15米宽沥青路面，两侧为石质路缘石，通行有轨电车。

1950年，在南长街以东，旧路南侧修一条15米宽新沥青路，与旧路平行，两路之间有林荫带，其中行驶有轨电车，时称林荫大道。1952年拆除三座门门洞。1954年，拆除西单头条以南的房屋及双塔寺。1955年4月至8月由建设局道路公司施工，将西单至府右街展宽至30~50米。1958年拆除有轨电车轨道。

1959年，为迎接国庆十周年，将府右街至天安门广场之间修成50~80米宽沥青路，并在新华门至南长街之间新修北侧人行道。1966年2月至4月，由北京市市政工程管理处修其余段的人行道。1973年3月至4月，由北京市第一市政工程公司在新华门至西单之间做道路加固工程。1983年，由北京市市政工程管理处将天安门至北京市第二十八中学（以下简称二十八中）之间的路段加铺沥青混凝土面层，将两侧水泥道牙换成花岗石道牙及平石，并用玻璃布及AB液处理沥青路裂缝。

1990年7月至8月将府右街至西单之间的快车道（24米宽）进行大修，用铣刨机将路面铣平，用粗粒式沥青混凝土补修下沉部分，再加铺沥青混凝土面层。该路为一幅式路面，天安门广场至南长街之间的路面宽 80 米，是当时北京最宽的沥青路面，两侧人行道各宽 9~14 米；南长街至二十八中之间的路面由 80 米向 50 米宽过渡，二十八中至府右街路面宽 32~50 米，两侧人行道各宽 5~8 米；府右街至西单之间，路面宽一般为 35 米，电报大楼以西最宽处达 56 米，两侧人行道各宽 6~7 米。该路结构：路面是 11 厘米厚沥青混凝土，联结层是 10 厘米厚碎石，基层是 20~30 厘米厚级配砂石。全线均为管道排水，西段有过街地下通道一座。沿线单位有人民大会堂、中南海、北京市教育局、电报大楼、邮电部等。

1997 年 3 月，西单至东单路段大修。1998 年 5 月，复兴门至西单路段大修，东单至建国门道路平均宽度达到 100 米以上。1999 年，建国门至西大望、军事博物馆至复兴门路段大修。

2000 年，军事博物馆至首钢东门、新兴桥至复兴门段大修。2009 年 3 月，长安街四惠至南礼士路段大修，大修后长安街行车速度达 70 公里/小时，东三环至西三环双向 10 车道，两侧更新化岗岩路缘石和人行步道砖，西单、六部口地段加宽，使天安门西至西单一线与其他路段宽度一致，并在东单到西单一线增加盲道等无障碍设施。

建国门内大街

1958 年，拆除观音寺胡同南侧与裱褙胡同间的房屋 3080 间，开通一条长 1400 米、宽 35 米的沥青混凝土道路,命名为建国门内大街,成为东长安街的延长线。20 世纪 80 年代后,进行扩展,街长延至 1463 米,宽 35~50 米,铺筑沥青路面 5.91 万平方米,两侧人行步道铺筑水泥小方砖 9000 平方米。

建国门外大街

西起建国门立交桥,与建国门内大街相接,沿线与日坛路、建华路、东大桥路相交,东至北窑立交桥,长 2325 米,路面面积 103397 平方米。

1939 年,日本占领北平期间,为兴建东郊的工业区和西郊的"新北京",在东城墙开一豁口,叫启明门(今建国门),自启明门至八王坟之间修 6 米宽砾石路面,在护城河上架一小桥。1949 年,由建设局拓宽了建国门豁口,并架设一新木桥,此桥是北平解放后市区兴建的第一座桥梁。1953 年,修建国门至西大望路之间 10 米宽沥青路,1959 年由北京市第一市政工程公司将路面展宽至 30~35 米。

1979 年建成建国门立交桥,1981 年由北京市市政工程管理处在路两侧

建国门外大街

修非机动车道及分隔带和人行道，1986年北窑立交桥建成。该路为三幅式路面，机动车道宽30~35米，两侧分隔带各宽3.5米，非机动车道宽7~8米，两侧人行步道各宽5米。机动车道道路结构：5厘米厚沥青混凝土面层，8~15厘米厚沥青碎石联结层，10~24厘米厚砂砾基层。非机动车道道路结构：3~4厘米厚沥青石屑面层，15厘米厚石灰土基层。人行道面层是水泥小方砖。

建国门外大街不仅是东西轴线中的主要道路，也是通往山海关放射线的起始段。全线排水设施为管道排水。沿线单位有北京友谊商店、北京人民广播电台、中国国际贸易中心等。

复兴门内大街

东起西单路口，西至复兴门桥，全长1429米。复兴门是1939年在城墙上新辟城门，当时定名为长安门，1946年改名为复兴门，为通往西郊的捷径。中华人民共和国成立后，西郊的建设蓬勃开展，与城区之间的交通量大大增加，原路面的宽度不能满足需要，1956年7月开始扩展西单至复兴门路段，拆除了旧刑部街、卧佛寺街与报子街、邱祖胡同之间的房屋共2500余间，路面展宽为35米，1957年9月竣工。

复兴门外大街

东起复兴门桥，西至木樨地，全长1735米。1955年5月至6月做表面处理工程，双层表面处理2000平方米，简易沥青路面360平方米，沥青路罩面5000平方米，单层表面处理2.2万平方米。1956年4月至6月对木樨地桥两端道路改建工程完成面积3525平方米。1957年5月至11月投资80多万元，加铺沥青混凝土路面工程。1966年6月至9月修建礼士路至木樨地便线工程，近期作为临时道路使用，远景作为人行步道。全长1434米，路面宽16~18米，总面积2.47万平方米。1976年10月至11月，对复兴门外至木樨地进行步道加宽工程，全长1700米，面积1.4万平方米。1982年4月至5月，对海洋局楼前步道进行修复工程，长度277米，面积1456平方米。1990年4月至7月，对复兴门外大街进行综合治理工程，全长1735米，面积6.1万平方米。

复兴路

复兴路是东西轴线上"百里长街"的一部分。东起木樨地大桥，西至玉泉路。该路原为一条土质的区间马车道，1939年日伪建新市区（习称新北京）时将其修成10米宽的混凝土路，时称长安大道，1945年日本投降后改称复兴路。1966年结合地铁建设，将木樨地至公主坟段机动车道扩展为32米宽，公主坟至玉泉路扩展为24米宽的混凝土路面，两侧各设7米绿化带及宽6米的慢车线、宽8米的人行步道。20世纪90年代初，结合木樨地和新兴立交桥的修建，道路做了局部调整，对全线路面进行加铺，使首都"百里长街"更加平展通畅。

石景山路

东起玉泉路，西至首都钢铁公司东门，中与京原路、北辛安路相交。全长6565米，路面面积136863平方米。

中华人民共和国成立前，石景山路为土路，1949年3月至9月由建设局修成6米宽水泥混凝土路面。因老山地段需要开山，玉泉路至鲁谷段在老山南绕行。1959年11月至1960年8月打通老山地段的山路，使此段路实现直通，不再向南绕行。1969年地铁第一期工程竣工后，古城以东修成22米宽水泥混凝土路面，20世纪70年代古城至石景山钢铁公司修成三幅式路面，80年代两侧修水泥砖人行道。

该路从玉泉路至古城路口为一幅式路面，路面宽22米，人行道宽4~5米。古城至终点为三幅式路面，机动车道宽15米，非机动车道宽6米，两侧人行道宽2米。东段车行道道路结构为60厘米厚水泥混凝土路面；西段机动车道是5厘米厚沥青混凝土面层和旧水泥路基层。非机动车道道路结构：5厘米厚沥青混凝土面层，15厘米厚石灰粉煤灰砂砾上基层，20厘米厚石灰土下基层。沿线单位有中国科学院研究生院、八宝山革命公墓、石景山区政府等。

环路和城市快速路

北京的环路，是在中华人民共和国成立后为满足城市交通发展需要，经总体规划确定的。20世纪90年代，开始了城市快速路的高速发展建设。1994年三环路建成通车，2001年四环路建成通车，极大地改善了城区交通状态。此后，学院路、德外大街、万泉河路、通惠河北路、阜石路等一系列城市快速路相继建成，市区快速路网系统基本形成。

一环路

一环路（内环），是以东四十条西口、磁器口、菜市口、平安里四点依次连接的道路构成，即由东四北大街南段、东四南大街、崇文门内大街、崇文门外大街、珠市口东大街、珠市口西大街、骡马市大街、宣武门外大街、宣武门内大街、西单北大街、西四南大街、西四北大街、地安门西大街、地安门东大街、张自忠路所组成，共计15条大街。距天安门2~3公里，全长17公里。它是二环路以内的主干路的组成部分。

二环路

自明嘉靖四十三年（1564）完成北京外城墙的建设起，北京的城墙就呈"凸"字形。城墙外是护城河，护城河与城墙之间，形成环绕北京城的土路。

二环路是沿着明、清北京"凸"字形城墙位置走向形成的道路构成。在建国门桥与复兴门桥以北的半环，道路大致在原城墙位置；两座立交桥以南的半环，道路的主路则建于护城河以外。

二环路由 25 条道路组成，全长 32.69 公里，路面面积 97.45 万平方米。距天安门 3~5.5 公里。其中最长的路是广渠门南滨河路，长 3165 米；最短的路是复兴门北大街，长 466 米。有四幅式路面长 4.67 公里，路面面积 19.59 万平方米；三幅式路面长 14.42 公里，路面面积 62.5 万平方米；一幅式路长 13.6 公里，路面面积 47.29 万平方米。有沥青路面长 20.39 公里，路面面积 47.29 万平方米；水泥路面长 12.3 公里，路面面积 50.15 万平方米。

20 世纪 50 年代至 60 年代初，对永定门东、西滨河路，广安门南、北滨河路，西直门关厢至德胜门关厢等路段的土路，分期分段修成粒料稳定土路或沥青表面处理路面。60 年代拆除了北京的城墙，将东、西护城河修成暗沟。1969 年，在地下铁道工程的兴建过程中，将复兴门南大街建成宽 23.6 米的水泥混凝土路面。

1974 年，建成复兴门立交桥。20 世纪 70 年代，自广渠门北大街向南，经左安门、永定门、右安门、广安门至宣武门西大街西段，分期分段修成宽 7~17 米的单幅式沥青路面，包括广渠门北滨河路、广渠门南滨河路、左安门西滨河路、永定门东滨河路、永定门西滨河路、右安门东滨河路、

北二环路

右安门西滨河路、广安门南滨河路、广安门北滨河路、宣武门西大街西段。

20世纪70年代初，第二期地下铁道工程开工，至80年代初期，随地铁建设形成从复兴门经阜成门、西直门、德胜门、安定门、东直门、朝阳门至东便门，包括东直门北大街、东直门南大街、朝阳门北大街、朝阳门南大街、建国门北大街、建国门南大街、复兴门南大街、复兴门北大街、阜成门南大街、阜成门北大街、西直门南大街、德胜门西大街、德胜门东大街、安定门西大街、安定门东大街，全长17公里的二环路北半环道路。全部修成三幅式路面，机动车道宽22.7~28.4米，非机动车道宽6~8米，人行道宽3~7.5米。同时在安定门、东直门、东四十条、朝阳门、建国门、阜成门、西直门、西直门北、德胜门修建了共9座立交桥。

1987年开始修建东厢工程。该工程在二环路范围的路段，北起东便门，3次跨越护城河、3次穿越铁路至护城河东岸后，沿护城河向南，经广渠门、左安门与蒲黄榆路相交，包括广渠门北滨河路、广渠门南滨河路、左安门西滨河路，全长6.5公里。修成四幅式路面，快车道每幅宽12.25米，在快车道外侧修一条8~12米的辅路或6~8米的慢车道。同时修建了东便门桥、广渠门桥、光明桥、左安门桥、玉蜓桥5座立交桥。

自1990年开始修西厢工程，是二环的南半环的西段。北起复兴门桥南，经西便门、广安门至菜户营，工程含新建道路工程及西便门桥、天宁寺桥、广安门桥、白纸坊桥、菜户营桥5座立交桥。

西二环路

　　1991年后，二环路经历了西厢、南厢工程建设和西北二环改造过程。西厢工程北起复兴门立交桥南端，南至菜户营桥，道路长4.94公里，1991年12月通车。南厢工程西起菜户营立交桥东端，东至玉蜓桥西端，道路长5.2公里，1992年9月通车。至此，二环路全线通车。

　　2002年2月，二环路全线改造、大修，将北半环15.9公里的水泥混凝土路面改为沥青混凝土路面，同时建成长258米的开阳立交桥。

　　2010年4月，二环主路道路病害维修及匝道和辅路进行修补。9月，二环辅路西直门桥至小街桥路段大修。

　　二环路是市区道路网的重要组成部分，是组织市区交通的主要道路。

2002年改造后的二环路

广渠门北滨河路

北起东便门立交桥,傍护城河东侧,南至广渠门桥。长1500米,路面面积63000平方米。该路原为护城河岸上的小路,1978年建成土路,1981年定名为广渠门外大街北滨河路。1987年至1989年,在完成东厢工程时修建此路,由北京市第二、第四市政工程公司施工。该路为四幅式路面,中央隔离带宽2~10米,两侧机动车道各宽12~13米,外边是断续的人行道。再向外是辅路,各宽8~12米,无辅道处设非机动车道,宽6~8米。该路机动车道道路结构是:7厘米中粒式沥青混凝土面层,8厘米厂拌沥青碎石联结层,25厘米石灰、粉煤灰砂砾上基层,20厘米石灰土下基层。辅路道路结构是:5厘米中粒式沥青混凝土路面,6

厘米厂拌沥青碎石联结层，20厘米二灰砂砾上基层，20厘米石灰土下基层。非机动车道道路结构是：5厘米中粒式沥青混凝土面层，20厘米二灰砂砾上基层，15厘米石灰土下基层。全线均为管道排水。

安定门东大街

西起安定门立交桥，沿线与雍和宫大街、东直门北小街相交，东至转角楼折向南与东直门北大街相连，北临北护城河。长2113米，路面面积82918平方米，人行道面积10492平方米。拆雍和宫豁口时曾发现元代京畿都漕运使碑，证明元代漕运署在豁口附近，故此路曾称"都漕路"。1980年前称安东路，1980年定今名。为了修环线地下铁道，拆除了内城城墙。1981年11月，由解放军某部队修完地下铁道后，修建了水泥混凝土机动车道，同时由某部队修了南侧非机动车道。1982年4月至11月，修了东直门北小街至安定门立交桥人行道及挡土墙。1984年10月由第三城建公司完成北侧人行道施工。该路为三幅式路面，机动车道宽22.7米，快慢分隔带各宽5.65米，非机动车道南侧宽7米，北侧宽6米，两侧路树带各宽1.5米，人行道各宽3~4.5米。东直门北小街至安定门立交桥南侧砌筑挡土墙长622米，北侧东段砌筑挡土墙长364米。机动车道路面为水泥混凝土面层，非机动车道道路结构为3厘米厚沥青石屑，7厘米厚碎石联结层，20厘米厚级配砂石基层。人行道面层是水泥小方砖，基层是15厘米厚石灰土。全线均为管道排水。沿线有过街地下通道1座。

广安门北滨河路

东起西便门外大街，向西再向南折至广安门外大街。长1606米，路面面积22004平方米。20世纪50年代初期沿护城河西堤修成该路，为土路。1955年，修成8厘米厚粒料稳定土路。1962年，在路面上做三层式沥青表面处理。1982年，在南段加铺沥青混凝土面层。该路路面宽13米，东侧水泥砖人行道宽3~4米，西侧土路宽3米。该路结构是：5厘米沥青混凝土或三层式表面处理面层，10厘米厚沥青稳定碎石联结层，8厘米厚粒料稳定基层。全线均为管道排水。路北端有甘雨桥。

三环路

三环路，是在二环路外、距二环路约1.5~3公里的一条沟通城市交通的环形道路。三环路由12条道路所组成，长48.3公里，路面面积275.67万平方米。其中最长的路是南三环西路，长5300米；最短的路是东三环中路，长2844米。四幅式路面长13.8公里，路面面积39.57万平方米；三幅式路面长29.69公里，路面面积97.26万平方米；一幅式路面长4.13公里，路面面积9.24万平方米。除东三环北路机动车道中间部位为水泥路面（长4512米、宽14米、路面面积63300平方米）外，其余均为沥青路面。

三环路东北角为三元桥，东南角为分钟寺桥，西南角为丰益桥，西北角为苏州桥，设计速度为80公里/小时，主路为双向6~8车道，主路宽28米，辅路宽7~18米。全路设立交桥46座，跨河桥9座，人行过街天桥62座和地下通道15座。

中华人民共和国成立后，为进行东郊工业区的建设，1952年10月至1953年3月，北京市建设局辟修朝阳路呼家楼至双井的东三环中路，修成7米宽砾石路面。这是三环路最先施工的路段。

1953年，为配合西北郊文教区的建设，修北太平庄至学院路之间的北三环中路西段，为宽9米的粒料稳定土路。1955年，为解决蔬菜运输问题，修南三环东路、中路，为4米宽粒料稳定土路。1957年至1958年，修白家庄至双井之间7米宽砾石路。1958年，修工体北路至牛王庙的东三环北路，7米宽级配砾石路。1958年，将北三环中路修成沥青表面处理路面。1958年至1959年，修东酒路至建国路之间14米宽水泥混凝土或沥青混凝土路面，修工体北路至白家庄之间14米宽砾石路。1959年11月至1961年11月，新建与改建牛王庙至海淀路之间北三环东路、北三环中路、北三环西路东段14米宽水泥混凝土或沥青混凝土路面。

1960年，为配合友谊宾馆的建设，修建海淀路至三义庙之间6米宽沥青路面。1960年2月至1961年，修南三环路木樨园至广渠门之间14米宽沥青路面。

以上阶段为三环路建设的初始阶段。1969年，配合北三环东路和平里铁路立交桥的施工，改建立交桥两端道路为三幅式路面。

1971年，配合京包铁路立交桥的施工，北三环西路铁路立交桥两端道路改为三幅式路面。1971年8月至9月，对德外大街至新街口外大街之间的北三环中路进行道路加固。1979年至1981年，建设自学院路向西，经海淀路、三义庙、紫竹院、公主坟、六里桥、管头至木樨园的三环路西半环，建成三幅式路面，使三环路全线贯通。该路段是在农田中新辟的道路。1979年至1980年，由大北窑向北经朝阳路、工体北路至牛王庙修成三幅式路面。

1982年至1984年由大北窑往南，经建国路至劲松路将快车线宽度扩展至28米。1984年由牛王庙向西，经安定门外大街、德胜门外大街至学院路修成三幅式路面，快车道宽23米，慢车道宽7米。1984年9月，三元桥建成。1985年又建成安贞桥、马甸桥、蓟门桥3座立交桥。1986年11月建成北窑立交桥。1987年木樨园桥开工，1988年修建了赵公口桥、刘家窑桥、东铁营桥、方庄桥。

1990年修建了十里河、分钟寺立交桥，并将这些立交桥之间的道路修成三幅式路面，完成东南三环的改造，同时完成木樨园至马家堡路的改造，建成洋桥立交桥。1990年年底，开始进行丰台北路至六里桥的道路改造，修建万柳立交桥、丽泽立交桥、丰益立交桥及各立交桥之间的道路。

三环路经历南三环、东三环和西北三环三个阶段改造，南三环的改造从六里桥到十里河桥，1991年11月建成通车。东三环改造从三元桥至十里河桥，1993年9月建成通车。西北三环改造从三元桥至六里桥，1994年9月建成通车。2003年2月，三环路大修，同年8月完工。

20世纪90年代的东三环路

南三环东路

西起蒲黄榆路，中与方庄路相交，东至左安路十里河桥。长3730米，路面面积68259平方米。该路1955年修成4米宽粒料稳定土路，1960年修成沥青路。1990年，修了刘家窑桥、东铁营桥、方庄桥、十里河桥以及相应的主路和辅路。该路为四幅式路面，中央隔离带宽2米，两侧主路各宽12米，外侧隔离带各宽 6.5 米，辅路各宽 9~13 米，人行道各宽 3~4.5 米。主路及辅路面层是 5~7 厘米厚沥青混凝土，6~8 厘米厚厂拌沥青碎石联结层，20~35 厘米厚石灰粉煤灰砂砾上基层，15 厘米厚石灰土下基层。沿线有立交桥 5 座，过街天桥 2 座，挡土墙 2 处。

北三环东路

西起安贞桥经东土城铁路立交桥、西坝河桥至三元桥。长 4405 米，路面面积 176223 平方米，人行道面积 118524 平方米。该路建于 1959 年 11 月至 1961 年 11 月，由北京市第一市政工程公司施工，为 14 米宽沥青路面，两侧有土路肩及排水明沟。1970 年 8 月在东土城建铁路立交桥，北三环东路下穿铁路立交桥。1984 年 9 月至 10 月按规划修建三幅式路面，与三元桥同步建成。1985 年 6 月安贞桥建成。1988 年由北京市市政工程管理处改善公共汽车站台及修筑人行步道。该路机动车道宽 23 米，两侧分隔带 3~14.5 米不等，非机动车道各宽 5.66 米，人行道各宽 2.5~5 米。机动车道道路结构是：5~7 厘米厚中粒式沥青混凝土面层，10~35 厘米厚沥青碎石联结层，30~40 厘米厚级配砂石上基层，15~20 厘米厚石灰土下基层。非机动车道道路结构是：3 厘米厚沥青石屑面层，7 厘米厚沥青碎石联结层，20 厘米厚级配砂石基层。人行道面层是水泥小方砖，下层是 2 厘米厚石灰砂浆、15 厘米厚石灰土基础。安贞桥东侧和三元桥西北侧有过街地下通道各 1 座。

四环路

四环路，是在三环路外、距三环路约2~3公里的一条环形道路。长65.3公里。东北角为四元立交桥，东南角为十八里店立交桥，西南角为科丰桥，西北角为四海桥。设计速度为80公里/小时，主路双向6~8车道设中央分隔带，两侧加紧急停车带，主路面积2277.4万平方米。辅路宽9~15米。全路设立交桥75座、高架桥7座、铁路桥6座、跨河桥16座、人行过街天桥42座和通道桥25座。

光绪二十二年（1896），丰台大桥南街称骆驼桥道，1937年改称正阳街，以后改称丰台大桥南路，这是在四环路位置上最早修建的道路。

1939年日本帝国主义侵华时期，伪华北建设总署北京公路工程局将丰台路、五棵松路修成6米宽水泥混凝土路面，将昆明湖南路修成11.6米宽的水泥混凝土路面或沥青混凝土路面。

中华人民共和国成立后，1950年将昆明湖南路修成6米宽水泥混凝土路面；化工路北段修成5米宽砾石路面。1951年至1952年，由北京市建设局将五棵松路重修，仍为6米宽水泥混凝土路面。1955年将丰台路修成9米宽粒料稳定土路面。1958年为配合北京焦化厂的建设，在化工路北段修成沥青碎石贯入式

四环路上的四惠桥

路面。同年，昆明湖南路加铺沥青混凝土面层。1960年丰台路做沥青表面处理。

　　1963年，由北京市第一市政工程公司将丰台路北大地至丰台路口段做加固基础处理。同年，中关村路做沥青表面处理（中关村路原属中国科学院内部路，1963年交市政处养护、管理）。1966年北京市第一市政工程公司将五棵松路、阜成路至昆明湖南路段展宽至9米。同年，北四环中路、北四环东路由当地政府发动农民以"民办公助"形式修成6米宽粒料稳定土路面。

　　1971年，北京市市政工程管理处将复兴路至阜成路之间的五棵松路南段展宽至12米。1972年由北京市第一、第二市政工程公司将丰台路加宽。同年，由海淀区养路队将中关村路做加固工程。1973年由北京市第一市政工程公司将五棵松路京门铁路立交桥两端展宽至16米。1975年5月至1981年11月，由北京市第一市政工程公司将北四环中路和北四环东路修成7米宽沥青路面。

1983年，北京市第二市政工程公司将丰台路丰台镇至莲花池路之间的路面扩宽。1985年，北京市市政工程管理处在中关村路修下水道后，将道路西段展宽至12米，东段仍保持7米宽。1986年9月至1990年6月，由北京市第一、第四市政工程公司将北四环中路、北四环东路修成四幅式路面或三幅式路面。四幅式机动车道上下行各12.25米宽，三幅式机动车道宽16~22米，非机动车道各7米宽，两侧人行道各宽5米，成为四环路中按规划标准兴建的两个路段。1987年由北京市第二市政工程公司

四环路

将丰台路莲花池路至丰台北路之间的路面展宽。1988年北京市市政工程管理处在五棵松路复兴路至田村路之间修东侧非机动车道。同年，昆明湖南路展宽至10米，南段加铺沥青混凝土面层，北段中间6米宽仍为水泥路面。

1990年，北京市市政工程管理处在丰台北路至京石公路之间的两侧各修7米宽的非机动车道，该路段成为三幅式路。

1999年8月，东四环路（北起四元桥，南至十八里店桥）建成通车。2000年9月，南四环路（东起十八里店桥，西至莲花池东路南沙窝桥）建成通车。2000年11月，北四环路（西起火器营桥，东至四元桥）建成通车。2001年6月，西四环路（南起莲花池桥，北至火器营桥）竣工后，四环路全线建成通车。

2006年4月，对四环路主路路面进行大修，局部路面重铺沥青。

东四环路

北四环中路

东起安慧立交桥，中与北辰路、京藏高速路相交，西至学院路。长4607米，路面面积281713平方米，人行道面积44234平方米。

该路始建于20世纪60年代后期，以"民办公助"形式发动郊区农民修建6米宽土路。1979年5月至1980年11月，由北京市第一市政工程公司施工修成7米宽沥青路。1986年至1990年为迎接第十一届亚运会，按规划修成四幅式路面。中心隔离带宽2米，两侧机动车道各宽12.25米，分隔带各宽6.75米；中段有6处停车港湾，港湾宽3.75米，港湾处分隔带由6.75米缩至3米。非机动车道各宽7米，人行道各宽5米。机动车道道路结构是：8厘米厚粗级配中料式沥青混凝土面层，6厘米厚沥青碎石联结层，30厘米厚石灰粉煤灰砂砾上基层，40厘米厚灰土或40厘米厚级配砂石下基层。非机动车道道路结构是：5厘米厚沥青混凝土面层，15厘米厚石灰粉煤灰砂砾上基层，30~45厘米厚石灰土下基层。沿线通过健翔立交桥，有2座过街地下通道。

五环路

　　五环路位于北京市城区边缘，距市中心10~15公里，全长98.75公里。主要连接北苑、望京、东坝、定福庄、垡头、南苑、丰台、石景山、西苑、清河10个边缘集团及奥运场馆、科学城和经济开发区等重点地区。设计速度为100公里/小时，双向6车道加紧急停车带（其中22公里为双向6车道，无紧急停车带）。全线设有大型互通式立交桥12座、一般互通式立交桥1座、分离式立交桥55座（其中五环上跨大型互通式立交桥9座、公路与铁路立交桥12座）、特大桥11座、铁路顶

五环路

进箱涵 6 座、人行天桥 16 座、地下通道 23 座、泵站 5 座。2000 年 11 月开工，分四期建设，2003 年 11 月全线建成通车。2004 年 1 月 1 日，五环路由政府出资回购停止收费，养护资金由政府城市维护费负担。2010 年日均车流量为 9.45 万辆。

六环路

六环路距市中心 20~30 公里，穿越顺义、通州、大兴、房山、丰台、门头沟、海淀、昌平 8 个区，全长 187.6 公里（其中北六环酸枣岭桥至南六环双源桥段长 84.3 公里与大广高速北京段为共线段），设计速度为 80~100 公里/小时，双向 4 车道加紧急停车带。建有枢纽型互通式立交桥 10 座、一般互通式立交桥 34 座、分离式立交桥 133 座（其中六环路上跨互通式立交桥 28 座、公铁立交桥 12 座），跨河桥 58 座（其中特大桥 4 座）、通道桥 47 座、隧道 1 座、泵站 5 处，沿线设置匝道收费站 36 处。六环路分七期建设：一期工程（马驹桥—胡各庄段）长 25.25 公里，1998 年 12 月开工建设，2000 年 10 月建成通车；二期工程（马驹桥—孙村段）长 16 公里，2000 年 5 月开工建设，同年 11 月建成通车；三期工程（孙村—大庄段）长 7.55 公里，2000 年 10 月开工建设，2001 年 8 月建成通车；四期工程（胡各庄—西沙屯段）长 58.92 公里，2000 年 10 月开工建设，2002 年 10 月建成通车；

六环路

五期工程（大庄—良乡段）长23公里，2004年3月开工建设，2004年12月建成通车；六期工程（西沙屯—寨口段）长19.6公里，2004年3月开工建设，2006年12月建成通车；七期工程（良乡—寨口段）长38.28公里，2007年1月开工建设，2009年9月建成通车。历时11年，全线于2009年9月建成通车。2010年日均车流量12.16万辆。

城市快速路

东北城角联络线

西起二环路小街桥，东至东三环路三元桥，全长 2.4 公里。2004 年 1 月开工，2005 年 12 月建成通车，设计速度为 80 公里/小时，主路双向 4~6 车道，设中央隔离带，两侧各为宽 9~12 米的辅路，道路面积约 60 万平方米。有 4 座匝道桥、2 座高架桥、2 座人行过街天桥，1 座人行通道。

通惠河北路

西起东二环东便门立交桥南，沿通惠河北岸至东四环四惠立交桥，全长 4.6 公里，主路为高架路。2004 年 12 月开工，2006 年 12 月通车。设计速度为 60~80 公里/小时，双向 4 车道，设中央隔离带，道路面积 22.52 万平方米。工程获 2010 年国家优质工程银质奖。

蒲黄榆路

北起玉蜓桥,南至刘家窑桥,全长1.72公里,快车道宽24米,两侧慢车道宽7米,人行步道各宽3米,沿线建过街天桥3座。2009年3月,蒲黄榆路由刘家窑桥延伸至南五环路旧宫新桥,新建延长段分别称榴乡路和德贤路,为城市快速路,全长11.8公里,设计速度为60~80公里/小时,宽28~38米,双向6~8车道,设中央隔离带,主路面积18.94万平方米,辅路宽7~11.5米。路上建高架桥1座、立交桥3座、跨河桥6座、人行过街天桥2座。2010年12月工程竣工。

丽泽路和丰北路

东起西二环菜户营桥,西至京石(京港澳)高速公路大井桥,全长8.96公里。是在旧有的丽泽路、丰台北路和丰体南路上建成,原道路局部宽6米。2004年1月开工,2006年7月通车。三环路丽泽桥至京石高速公路大井桥设计为城市快速路,全长5.3公里,设计速度为80公里/小时,主路双向6~8车道,设中央隔离带,两侧各为宽9~12米的辅路,道路面积22.29万平方米。新建三环、四环和京港澳高速公路等立交桥6座、通道桥2座、公交停靠桥2座、人行过街天桥4座、人行地下通道1座。二环菜户营桥至三环路丽泽桥路段设计为城市主干道,全长3.66公里。

莲石路

莲石路是通往北京西部山区的重要通道，属城市快速路，东起三环路莲花桥，西至西六环卧龙岗桥，由莲花池东路、莲花池西路、莲石东路、莲石西路 4 段组成，全长 15.69 公里。2001 年 12 月开工，2005 年 10 月建成通车。设计速度为 80 公里/小时，主路双向 6 车道，设中央隔离带宽 2 米，主路两侧各为宽 9~12 米的辅路。主路面积 43.07 万平方米。新建四环、五环立交桥等桥梁 14 座、人行过街天桥 7 座。

阜石路

阜石路以四环路定慧桥为界，往东至二环路阜成门桥为城市主干路，由阜外大街、阜成路等组成。往西至门头沟双峪环岛为

阜石路

城市快速路，全长15.12公里。2007年2月，东起西四环定慧桥，西至西五环晋元桥，全长5.49公里为一期改扩建工程，2008年7月竣工通车。二期改扩建工程由西五环晋元桥至双裕环岛全长9.63公里，2009年3月开工，2010年12月通车。设计速度为80公里/小时，双向6车道，设中央隔离带。主路为高架路，高架路下保留原有道路，在四环、五环节点建立互通立交桥，另外建铁路箱涵1座、公交换乘梯道7对、人行过街天桥6座、地下通道5座。

阜成路

东起三里河路，与阜成门外大街相接，西至五棵松路，中与西三环中路、西翠路、万寿路相交，全长5000余米，宽20米，是古京（北京）门（门头沟）公路（今京石公路）的一部分。

康熙三十二年(1693)曾整修从门头沟到北京的运煤大道。所谓"大道"，实为仅能通行牲口和马车的土道。民国初期，拨款20万元修建能通汽车的京门公路，作为京门之间运输及通往京西风景区的线路。1919年8月开工，年底竣工通车。此次整建只限于窄路段加宽（至6.7米）和路面土方平垫，在平原区路两侧设明沟排水，没有质的变化。从20世纪50年代始，废弃原阜成门通往西山的道路，另修新路，与阜成门外大街东西直通，初至五棵松路，其中蓝靛厂南路以东为沥青路面，以西为碎石路面（不久亦改成沥青路面），全长5116米，路宽23米。1993年借建石景山热电厂热力管线之机,自阜成路末端西延建阜石路,至石景山与门头沟路相接。

西直门外大街

东起西直门桥,西至白石桥路,与紫竹院路相接,长3300米。西直门外大街原为西直门外官道,1911年后高粱桥路以东称关厢,以西称博物院路,1949年命名为西直门外大街。

1953年7月至12月,对西直门至配油厂(今植物研究所对面西边)铺筑沥青混凝土路面,完成面积2.2万平方米。1955年4月至5月,对原苏联展览馆(今北京展览馆)至植物研究所段进行加固工程,碎石底层1.2万平方米,中粒式沥青混凝土面层1.3万平方米。1958年3月至5月,修建西直门外大街步道工程,

西直门立交桥

铺筑九格方砖7574平方米、大型方砖892平方米。

1982年5月9日，对西直门外大街进行新建和翻建步道工程，沥青面层步道5439平方米，小方砖面层1.05万平方米，大方砖面层154平方米。1990年9月，对西直门外大街进行综合治理，完成沥青石屑面层2844平方米，沥青中粒式面层2177平方米。

2000年12月，对西直门外大街进行改扩建，2001年8月通车。改建后道路设计速度为80公里/小时，道路面积约7.8万平方米，宽23~36米。主路为双向6~8车道加紧急停车带，两侧各设一条宽7.5~14.5米的辅路，人行步道宽5米。全路设立交桥2座、人行过街天桥4座、地下通道4座。

万泉河路

南起苏州桥北，北至万泉河立交桥北，全长2.58公里。原道路宽7米，部分路段为乡村小路。2001年9月进行扩建，2002年9月通车，扩建后设计速度为80公里/小时，主路为双向6车道，设中央隔离带宽1.5~3米，主路两侧设7~12米宽辅路和6~9米宽人行步道，道路总面积4.53万平方米。新建立交桥3座、跨河桥1座、人行过街天桥4座。

学院路

学院路南起学知桥，北至清华东路。2001年1月进行改扩建工程，工程范围包括西直门北大街、西土城路、学院路、学清路，全长8.42公里。原路宽仅23米，人行道宽约3米。改扩建后，2001年8月通车。其中西直门立交桥至北四环学院桥路段设计为城市快速路，长4.7公里，设计速度为80公里/小时，主路双向4车道，两侧各设一条7~9米宽的辅路和5米宽的人行步道，道路面积9.7万平方米。新建文慧桥、明光桥、学知桥3座立交桥，人行过街天桥14座，加长人行地下通道4座。北四环路以外路段设计为城市主干道，长3.72公里，设计速度为60公里/小时，主路为双向4车道。

德胜门外大街

元朝称健德门街，因在元大都健德门内而得名。明代废元大都北城墙，在其南五里处建德胜门，此路遂成德胜门外的道路。1911年以后称德胜门外大街，亦称德胜门关厢。南起德胜门立交桥，中与黄寺大街、安德路相交，北至马甸立交桥。长1983米，路面面积31316平方米，人行道面积11729平方米。

该路始建于元代，在明代是通往天寿山帝、后陵寝的御道。清代沿线设立驿站。1934年修成简易公路。

1953年在德胜门外大街修成6~9米宽沥青碎石路面，在关厢至西三旗之间修成6米宽沥青砾石路面。1957年该路发生严重的道路翻浆，道路基本破损。1957年至1961年，由北京市第一市政工程公司在北三环中路至清河之间修成水泥混凝土路面，

德胜门外大街旧影

宽7米。1974年，北京市市政工程管理处在三环路至回龙观之间将路面展宽至12米，展宽部分修成沥青碎石路面。1981年8月至11月北京市第二市政工程公司改建清河桥，并在德外大街两侧修水泥砖人行道。1983年12月至1984年9月，由北京市公路局将北三环至西三旗之间修成三幅式路面。机动车道宽26.5米，两侧快慢车道分隔带宽3~8.5米，非机动车道宽7米。1985年由北京市第二市政工程公司修马甸立交桥，并改建桥两端860米段为四幅式路，1989年10月至11月修小营环岛及环路，环岛直径92米，环路机动车道宽18米。

2000年12月，德外大街改扩建工程开工，2002年5月通车。改扩建后设计速度为80公里/小时，主路为双向6车道，设中央隔离带宽2米，两侧设7~12米辅路和2米人行步道，道路面积5.56万平方米。新建桥梁7座，人行过街天桥、通道各2座，改建人行过街天桥、通道各2座,并加固马甸立交桥。

该路是110国道(北京至银川)的开始段,北京至张家口段称京张公路。该路为单幅式路面,车行道宽9米,两侧人行道各宽3.5米。车行道道路结构是:5厘米厚沥青混凝土面层,10厘米厚沥青碎石联结层,12厘米厚级配砂石基层。人行道面层是水泥小方砖。在路南端护城河上有1座钢筋混凝土跨河桥,在马甸立交桥南有1座过街地下通道。

二环路内主干路

　　二环路以内是城区62平方公里范围,包括东城区、西城区、崇文区、宣武区二环路以内的部分。

南北向主干路

二环路内南北向主干路由三条纵线组成。

第一条从雍和宫开始，经北新桥、东四、东单、崇文门、磁器口至天坛东路南口。

第二条从鼓楼开始，经地安门、天安门、前门至永定门。

第三条从新街口豁口，经平安里、西四、西单、宣武门至菜市口。

其中，最长的是东四北大街，长1846米；最短的是西四南大街，长578米。

雍和宫大街—天坛东路南口

自雍和宫大街北口开始，经北新桥、东四、东单、崇文门、磁器口至天坛东路南口，包括雍和宫大街、东四北大街、东四南大街、东单北大街、崇文门内大街、崇文门外大街、天坛东路。

元代自北新桥至东单，此道路是贯通南北的重要干道，明代延长至磁器口。清光绪三十二年（1906）至光绪三十三年（1907），将崇文门至北新桥之间修成宽9米的碎石路面。1920年又将路面展宽至13米，并加厚碎石层。1930年至1932年，修成沥青泼油路面。天坛东路是龙须沟下游，是菜田和荒地，1947年修成8米宽的砾石路面。

1950年拆除崇文门瓮城，同时修崇文门至花市之间7米宽沥青路面；同年，雍和宫北城墙开豁口。1951年修雍和宫大街7米宽沥青路面，1954年由北京市建设局工程处施工将路面展宽至12米，加固基础。1958年5月至10月，由北京市第二市政工程公司修东单至北新桥之间沥青路面，宽9米。

1960年修天坛东侧路沥青路面，宽15米；同年崇文门外大街修沥青碎石路面。1964年6月至7月，由北京市市政工程管理处修崇文门内大街沥青面层。1966年5月至7月，由北京市第二市政工程公司修崇文门至东四之间两侧水泥砖人行道；同年6月至9月，由北京市市政工程管理处修北新桥至雍和宫大街北口之间的人行道。1967年，在东单至东四之间加铺沥青混凝土面层，路面宽14.5~15.5米。

1976年，对东单向南经崇文门、磁器口及天坛北墙至天坛东路南口进行大规模改建，路面展宽至21~24米，两侧铺5~6.5米宽水泥砖人行道。1977年拆除磁器口至红桥之间的房屋，将此段路打通，修成宽22米的路面，两侧步道宽3.5米。至此，二环路内第一条南北向交通干线全线贯通。

1985年灯市口至杨树胡同之间修长110米、宽4米的非机动车道。1987年在崇文门内大街西侧修292米非机动车道。同年，由北京市第四市政工程公司改建东单至东四十条之间道路，路面加宽至14~15米，加铺沥青混凝土面层。1984年至1987年，先后在东四北、东单北、崇文门外、花市西口4处修建过街天桥，并在崇文门内大街和灯市口大街东口修建过街地下通道。

新街口—菜市口

由新街口北大街北口经新街口、西四、西单、宣武门至菜市口，共计7条路，它们是新街口北大街、新街口南大街、西四北大街、西四南大街、西单北大街、宣武门内大街、宣武门外大街。

元代，新街口至西单是贯通南北的主要干路，明代延长至菜市口。清光绪三十二年（1906）至光绪三十三年（1907），在新街口至宣武门之间修9米宽碎石路面。1920年至1921年将路面展宽至13米，加厚碎石层，路面两侧砌0.5米宽的合页沟，用旧砖砌筑砖路缘石。1924年，西单至新街口通有轨电车，1927年至1928年修成沥青泼油路面。1929年西单至菜市口通有轨电车，1936年修成沥青路面。

1950年加固宣武门外大街路面，修成沥青混凝土面层。同年，新辟新街口北的城墙豁口，在护城河上架设一木桥。1953年展宽新街口北大街路面至9米，修成碎石路面，由北京市建设局施工处施工。1954年拆除西四牌楼。1955年在宣武门旁拆一豁口，宽30米。1957年由北京市道路二公司修西单北大街水泥砖人行道。1958年修新街口至宣武门之间人行道，由北京市第二市政工程公司及北京建筑工程学校施工，同时将宣武门外护城河木桥改成钢筋混凝土桥。1959年拆除有轨电车道。

1966年6月至9月，由北京市第一市政工程公司将新街口北大街展宽至16~18.5米，铺沥青碎石面层。1967年，平安里至灵境胡同之间路面展宽至12~15米。1973年宣武门外大街展宽至15米，加固基层，加铺沥青混凝土面层。1980年以后修西单商场及菜市口两处天桥。西单商场天桥是北京市第一座过街天桥。1987年修西四至平安里之间西侧慢车道（90米长、4米宽）及新街口南大街航空胡同以南东侧的慢车道。

1990年，由北京市城建二公司在西单北大街堂子胡同以南东侧修6.5米宽慢车道。1990年年底，新街口北大街至菜市口的南北交通干线全线贯通。

雍和宫大街

南起北新桥，与东四北大街相连，北至安定门东大街（北二环路），与和平里西街相接，路长942米，面积11108平方米。

元代形成土路，向北至城墙（北土城），明代北城墙向南移建后，该路北端被城墙阻断。

1952年将雍和宫大街北端的城墙及马道拆除10米长，新开

雍和宫牌楼

豁口，并将关帝庙东侧三分之一院落和房屋与雍和宫西院墙连接部分拆除，并向北新辟土路116米至铁道。1954年6月至9月，由北京市建设局工程处第四施工所施工，将东直门内大街至铁道之间，修成7厘米厚简易沥青石砟（碎石）路面，长943.35米，路面每侧加宽2.5米，路宽达12米，并重新拆砌雍和宫西侧围墙。两侧砌筑水泥混凝土立缘石。1958年6月至8月，由养路工程事务所施工，做单层沥青表面处理10092平方米。

1966年6月至9月，由北京市市政工程管理处二所施工，在北新桥至豁口修步道工程，除南口砌筑水泥小方砖外，其余铺筑沥青石屑面层5975平方米，并砌挡土墙及台阶。

1990年形成单幅路面，混合车道，路面宽12米。人行道宽度东侧0.75~10.25米，西侧2~9.25米。路面结构路中7米宽范围内：南段（230米段）为沥青表面处理、15厘米石砟联结层、20厘米砂石底层；中段（300~500米段）为7厘米简易沥青碎石、15厘米石砟沥青表面处理，中段（500~820米段）为13~21厘米简易沥青碎石、12厘米石砟沥青表面处理；北段（820~940米段）12米宽，为7厘米简易沥青碎石、23厘米碎砖基础。两侧各2.5米加宽部位，南段（230米段）为7厘米简易沥青碎石，20厘米砂石，18厘米碎石底层；中段（300~500米段）为7厘米简沥青碎石，18厘米砂石底层；北段（500~820米段）为7厘米简易沥青碎石，18厘米级配砂石底层。人行道道路结构是：南北两端路口两侧为水泥小方砖面层、10厘米石灰土底层，其他均为2厘米沥青石屑面层、10厘米电石灰土底层。面积5975平方米。全线为管道排水。沿线古迹有雍和宫等。

崇文门外大街

北起崇文门内大街南口，南接天坛路，全长1544米，均宽27米。原大街南端只到磁器口，北端原有崇文门城楼。民国初年铺筑的碎石路已变成土路。1950年，崇文门外大街修成沥青碎石路，并在城楼东西两侧城墙上各开一个豁口与崇文门内大街接通。1966年拆除崇文门城楼后，将道路改建到中间，建成14米宽沥青混凝土面层的半永久性道路。1977年，在展宽东单经崇文门再经天坛东路至蒲黄榆道路时，直线打通磁器口至红桥一段，使车辆行人不再绕行磁器口大街，可直达天坛路。崇文门外大街宽敞顺直，北达东单、东四、雍和宫，南通天坛、体育馆、蒲黄

20世纪90年代的崇文门外大街

榆，沿线有花市、磁器口、红桥等繁华地区，是北京市贯通市区、连接南北二环路的主干道之一。

天坛东路

北起体育馆路西口与天坛路相接，沿天坛公园东侧，南至永定门东街与蒲黄榆路相连。全长 1201 米，面积 28337 平方米。

道路北端原是龙须沟下游，南端是荒地及少量菜田。1949 年，经整修后，中间形成一条 8 米宽的土路。1965 年修成正式土路。1967 年修建二层式沥青表面处理路面，4 厘米厚碎石垫层，20 厘米厚石灰土和 12 厘米厚级配砂砾基层。

1980 年西侧修建沥青石屑人行道及挡土墙。1990 年在机动车道修筑 6 厘米粗级配中粒式沥青混凝土路面，在非机动车道铺筑 3 厘米厚沥青石屑。机动车道宽 21 米。两侧人行道宽 3~5 米。西侧人行道外侧设置了挡土墙。机动车道道路结构为：6 厘米粗级配中粒式沥青混凝土面层，4 厘米厚碎石垫层，20 厘米厚石灰土和 12 厘米厚级配砂石基层。非机动车道道路结构为：3 厘米厚沥青石屑面层，4 厘米厚碎石垫层，20 厘米厚或 12 厘米厚级配砂砾基层。人行道面层为 3 厘米厚沥青石屑，15 厘米厚石灰土基层。两侧有挡土墙。管道排水。沿线主要景点及单位有天坛公园、天坛体育场、北京国际网球中心、中国棋院及中日友好围棋会馆等。

西单北大街

元代即为主要道路,明代在南口建单牌楼一座,额曰"瞻云坊",街名称单牌楼。清代称瞻云坊大街,又称西单牌楼大街。1912年以后,因北段甘石桥街并入,称西单北大街。南起西长安街与宣武门内大街相接处,中与灵境胡同、辟才胡同相交,北至丰盛胡同东口,与西四南大街相连,长1288米,路面面积22434平方米。该路原为土路,清光绪三十二年(1906)修成碎石路,宽9米。1921年将路面展宽至13米,两侧明沟改成合页沟。1924年通行有轨电车。1927年由京都市政公所改修成沥青碎石泼油路,路面宽16米。1935年拆除原有砖路缘石,改修水泥混凝土偏沟路缘石。

西单北大街旧影

中华人民共和国成立后，西单北大街的发展进入新时代。1957年由北京市道路工程局道路二公司修两侧水泥砖人行道，宽2~3米。1959年拆除有轨电车道，由北京市第一市政工程公司修沥青混凝土面层。1964年由北京市市政工程管理处做沥青表面处理，并将两侧人行道铺满，最宽处达6.5米，一部分为沥青石屑面层。1990年第二城建工程公司在堂子胡同至西长安街东侧修快慢分隔带及非机动车道。

该路堂子胡同以北为一幅式路面，车行道宽15米，堂子胡同以南东侧有快慢分隔带宽2.5米，非机动车道宽6.5米，全线两侧人行道各宽4~6米。车行道面层为5~10厘米厚沥青混凝土，联结层为10厘米厚碎石，基层为20厘米厚级配砂石。路面两侧为水泥混凝土立缘石。南段东侧非机动车道面层为5厘米厚沥青混凝土，基层为35厘米厚石灰粉煤灰砂砾。人行道面层有两种，一种为水泥小方砖，一种为3厘米厚沥青石屑。人行道面积为16936平方米。全线均为管道排水。在西单商场前有1座人行天桥。沿线单位有西单商场、北京市公用局等。

新街口南大街、新街口北大街

新街口南大街北起新街口路口，南至平安里，全长884米，总面积1.14万平方米。1924年建有轨电车道，轨道设在路中间，同时铺筑比轨道稍宽的碎石路面。民国年间修沥青路时将碎石路修到路边，但沥青未铺到路边。中华人民共和国成立后，1950

年开始将沥青路修到路边。1959 年拆除有轨电车道,修复沥青路面后又通行无轨电车。1964 年铺筑两侧人行步道,1966 年填平补齐全部覆盖土步道。1970 年再次修整全线路面。

新街口北大街北起二环路积水潭桥,南至新街口,全长 865 米。1952 年修建成宽 9 米的简易路。1953 年铺成碎石路,同时安砌两侧偏沟式道牙。1954 年将原城墙宽 9 米豁口拓宽至 20 米,对碎石路面进行沥青表面处理。1966 年两侧共拓宽 7 米,构成 16 米宽的南北交通要道,面积 1.38 万平方米。该工程由北京市市政建筑设计院设计,由北京市市政公司施工。

西四南大街、西四北大街

北起平安里,南至丰盛胡同东口,全长 1527 米。1924 年建有轨电车道。中华人民共和国成立后,1953 年铺筑沥青碎石路,宽 12.5 米。1959 年拆除有轨电车道,修复路面后,又通行无轨电车。1964 年铺两侧人行步道,1966 年将全部覆盖土步道补齐。1970 年再次整修全线路面。

宣武门内大街

北起西单路口,南至宣武门,全长 798 米。1929 年,修建有轨电车道。中华人民共和国成立前,修筑 3 米宽的沥青路面。中华人民共和国成立后,拓宽两侧路面至 7 米。1957 年全线路

宣武门旧影

面进行整修。1958年铺筑两侧人行步道。1959年拆除有轨电车道,铺筑沥青路面。1966年实现便道不露土。1970年由北京市市政工程管理处施工,翻修加固,铺筑厚20厘米的石灰层、7厘米厚的碎石层、5.5厘米厚的沥青混凝土面层。1987年两侧开辟慢行线,宽3.5~4米。

东西向主干路

二环路内东西向主干路由 6 条横线组成。

第一条从东直门开始,经北新桥、交道口、鼓楼、新街口至西直门,由鼓楼至新街口之间尚为狭窄的胡同,并为后海所阻隔。

第二条从东四十条豁口开始,经地安门、平安里至官园,地安门西大街西口至平安里西大街东口之间仍是狭窄的胡同。

第三条从朝阳门开始,经东四、西四至阜成门。

第四条从建国门开始,经东单、天安门、西单至复兴门。

第五条从东便门开始,经崇文门、前门、和平门、宣武门至复兴门南大街。

第六条从广渠门开始,经磁器口、珠市口、菜市口至广安门。

其中最长的路是广渠门内大街,长 2079 米;最短的路是西四东大街,长 310 米。

东直门—西直门

从东直门开始,经鼓楼、新街口至西直门,共计 4 条路。它们是东直门内大街、交道口东大街、鼓楼东大街、西直门内大街。总长 4.39 公里,路面面积 6.64 万平方米。

元代,东直门内大街、西直门内大街就是出入城的重要大街。清光绪三十二年(1906),西直门内大街修成碎石路面,光

东直门城楼旧影

绪三十三年（1907），东直门内大街、鼓楼东大街、交道口东大街先后修成碎石路面。宽度为8米。1924年西直门内大街翻修碎石路，路面碎石加厚，通有轨电车。1932年，西直门内大街道路展宽至11.5米。1937年至1938年，东直门内大街、交道口东大街、鼓楼东大街、西直门内大街先后修成沥青路面。1940年拆除西直门城楼内外石板道，修成沥青路面。

中华人民共和国成立后，北京的交通建设进入新时期。1951年，在西直门城楼南北各开一豁口，修沥青路面，围绕西直门城楼形成环岛。1957年由北京市道路一公司施工，对东直门内大街做展宽加固工程，路面展宽至12米，加固基础，但城门洞仅宽5米。1958年在东直门门洞以北30米处开一豁口，修15米宽路面，以缓解城门洞的交通堵塞状况。1959年拆除有轨电车轨道。

1964年8月，在西直门内大街东段（赵登禹路口以东）加铺沥青混凝土面层，并修南侧水泥砖人行道。1965年10月至12月修鼓楼东大街、交道口东大街水泥砖人行道。1969年拆除西直门箭楼，施工过程中发现元大都城和义门瓮城遗址。

1973年5月至8月，北京市市政工程管理处将东直门内大街路面向南侧展宽至19.5米。1974年，北京市第一市政工程公司为配合地铁二期工程，在东直门城门洞北100米处新辟394米长、16米宽的新路，与东直门外斜街相连。

1980年，东直门立交桥、西直门立交桥均建成。1988年，鼓楼东大街、交道口东大街加铺沥青混凝土面层。

东四十条豁口—官园桥（平安大街）

从东四十条立交桥开始，经地安门、平安里至官园桥，共计5条路。它们是东四十条、张自忠路、地安门东大街、地安门西大街、平安里西大街，共计长5.98公里，路面面积10.98万平方米。

明、清时，地安门东大街、地安门西大街是北皇城根，光绪三十三年（1907）两条路修成碎石路面，民国时期修成沥青路面。1947年拆除平安里阻碍交通的房屋打通此路，修成6~7.6米的路面。

1950年在东四十条及官园两处开城墙豁口，护城河上架设木桥。1952年6月至8月由北京市建设局道工所施工，将张自忠路东段修成9米宽沥青路面。1953年由北京市建设局道工所将地安门西大街展宽至15米，修成沥青路面，在南侧通行有轨电车。1954年展宽地安门东大街、张自忠路，路面宽达11米，修成沥青碎石路面。1957年新辟平安里西大街西段为5米宽砾石路面。1958年迎接国庆十周年，由北京市第二市政工程公司施工将东四十条展宽，修成21米宽的沥青路面。

1965年，由西城区养路队修地安门西大街北海后门以东的人行道。

1972年，由东城区养路队修地安门东大街和张自忠路两侧的人行道；同年，地安门西大街做加固工程。1977年修平安里西大街育幼胡同以西三幅式路面，机动车道宽25米，非机动车道各宽6米。

1981年，由东城区养路队修东四十条两侧人行道。1983年，由北京市市政工程管理处修地安门西大街两侧人行道。1984年，东四十条立交桥建成，与东四十条道路相连通。1988年，修北海后门至地安门之间南侧非机动车道。

此段路因靠近平安里，故又称为平安大街。

朝阳门—阜成门（朝阜路）

从朝阳门开始，经东四、景山前街、西四至阜成门，共计8条路。它们是朝阳门内大街、东四西大街、五四大街、景山前街、文津街、西安门大街、西四东大街、阜成门内大街。总长6.97公里，路面面积15.49万平方米。原路最窄处为15米，最宽处为28米。改扩建后设计速度为40~60公里/小时，主路路宽30~40米，其中美术馆至朝阳门桥宽40~50米，双向6~8车道。朝阜路上有人行过街天桥3座，地下人行通道2座。

元代，朝阳门内大街、阜成门内大街就是重要的干道，也是繁华的大街。明、清时代，从东皇城根至西皇城根之间属于皇城范围，所以朝阳门至阜成门之间没有贯通的道路。1912年皇城内开禁，20世纪20年代朝阳门至阜成门之间修成碎石路面，景

1915年环城铁路建成之后的朝阳门

山前街于1931年打通,30年代修成沥青路面。

1950年,在西四东大街修水泥混凝土路面,宽10.5米。1953年拆除阜成门瓮城,展宽了朝阳门内大街,路面宽达15米。1955年拆除了东四牌楼、北海南门与中南海北门的三座门、北海大桥东西端的"金鳌""玉𬟽"牌楼。1956年由北京市道路一公司对朝阳门至阜成门之间的道路进行大规模的改建,阜成门内大街展宽至15米;西四东大街在原10.5米宽水泥路北侧展宽3.5米,修成14米宽沥青面层;西黄城根北街南段修成12米宽沥青路面;西安门大街及文津街展宽成18~20米宽的沥青路面;拆除景山前街房屋300余间及大高殿的牌楼和习礼亭,景山前街展宽至18米,两侧修缸砖人行道;五四大街原系利用翠花胡同和弓弦胡同分上下行通车,此次拆除房屋700多间,修成18米宽新路;由北京市道路二公司展宽、改建北海大桥(为保护团城,道路在此处向南拐了一个弯),桥面及路面宽34米,面层铺筑成沥青路。1957年开通了朝阳门经阜成门至动物园的北京市第一条无轨电车路线。

1963年至1965年,朝阳门内大街、东四西大街、阜成门内大街两侧修人行道。1967年对东四西大街做加固工程。1975年对朝阳门内大街做加固工程，并修成三幅式路面，机动车道宽15米，两侧隔离带各宽1.5米，非机动车道宽4~5米。1977年在景山前街加铺面层，更换水泥路缘石及水泥方砖人行道。1979年由北京市第一市政工程公司将文津街展宽成20~25米路面。

1984年在景山前街、文津街北海前门各修过街地下通道1座。

1995年，对朝阳门内大街和东四西大街（全长2070米）进行改造，由原宽30米拓宽到60~80米，为四幅路，形成上下行各3车道，两侧分设绿化带、慢车道和人行步道。1996年4月，美术馆路口至东四路口实施改造工程。2001年至2007年3月，分别对西安门大街、文津街、景山前街等路段实施大修改造。

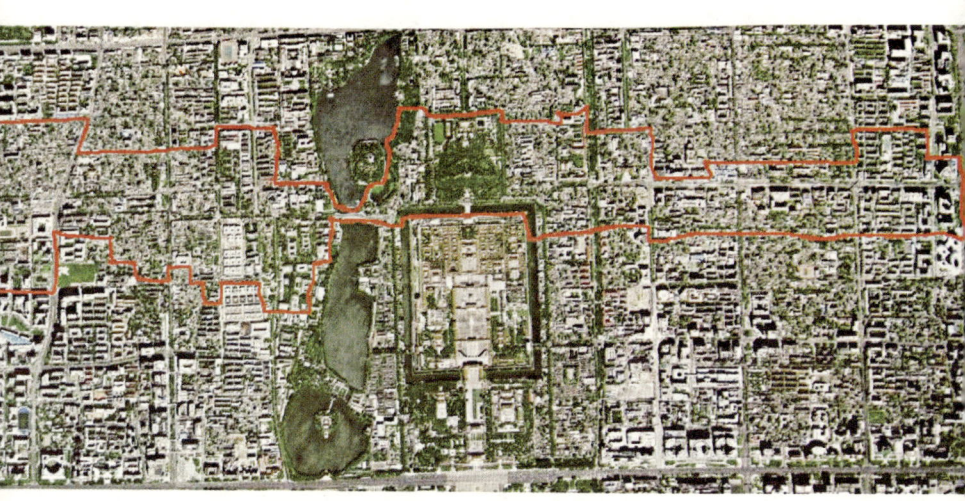

朝阜路城市设计方案规划范围

该路被称为北京城有山、有水、有古迹的最美一条街。

建国门—复兴门（参见东西轴线）

东便门—西便门（前三门大街）

从东便门开始，经崇文门、前门、和平门、宣武门至象来街，共计6条路。它们是崇文门东大街、崇文门西大街、前门东大街、前门西大街、宣武门东大街、宣武门西大街东段（西段象来街至西便门段在二环路内叙述），共计长6.42公里，路面面积25.5万平方米。

自明代建城后，此条路线就是内城南城墙北侧的一条土路。清宣统元年（1909），沿线修建了碎石路面，路面宽5~6米。

1951年至1954年，先后修成沥青油路面，路面宽7~9米。1957年前门至宣武门之间路面展宽至14米，北侧修3米宽人行道。1959年崇文门至前门之间路面展宽至9米，两侧修人行道。

1965年崇文门至西便门护城河修成盖板暗沟。1967年将东便门至西便门之间的城墙全部拆除，同年地下铁道第一期工程开工。1969年4月至9月，前门东大街、崇文门西大街由北京市第三市政工程公司修筑水泥混凝土路面，宽22米。

1970年前门西大街修筑水泥混凝土路面。1973年6月至1974年4月，由北京市第一市政工程公司在前门东大街、崇文门西大街混凝土路面两侧修非机动车道，一般宽6米（崇文门西大街东端223米段宽4米），在前门西大街、宣武门东大街、宣武门西大街水泥混凝土路面两侧修非机动车道6~7米宽，人行道3米宽。1978年8月至11月在前门西大街、宣武门东大街水泥混凝土路面上加铺沥青碎石联结层和面层。1978年8月至1979年12月，由北京市第二市政工程公司修崇文门东大街水泥混凝土路面，与二环路连通。1978年10月至1980年4月，展宽前门西大街非机动车道及人行道。1979年4月至6月，北京市第四市政工程公司修补前门东大街隔离带及人行道。1978年11月至1980年4月，宣武门西大街南侧非机动车道展宽至8~12米、人行道至5米。1978年10月至1980年4月，崇文门西大街展宽非机动车道至9米、人行道至5米。

1980年7月至10月，展宽前门东大街及崇文门西大街北侧非机动车道及人行道，崇文门东大街东头117米新辟路段开通。1983年至1984年，崇文门西大街、前门东大街由北京市市政工程管理处修隔离带及人行道。1986年9月至11月，北京市市政工程管理处在崇文门东大街南侧修人行道。

2010年8月，西起西便门立交桥东、东至崇文门路口西全长5公里实施大修，完成743道原水泥混凝土路面板缝专项治理；主、辅路23万平方米沥青混凝土摊铺施工；对沿线自行车道系统和人行道系统进行了完善。同时，结合疏堵工程，完成长椿街路口、崇文门路口等3处公交港湾拓宽改造。

广渠门—广安门（两广路）

从广渠门开始，经磁器口、珠市口、菜市口至广安门，共计5条路。它们是广渠门内大街、珠市口东大街、珠市口西大街、骡马市大街、广安门内大街，共计长8.11公里，路面面积11.6万平方米。

明代，广渠门内大街、广安门内大街已成为重要大街。珠市口东大街三里河一带曾是排水河渠，后填平形成土路。清光绪三十二年（1906）至光绪三十三年（1907），广安门至珠市口修成碎石路面；1942年至1947年加铺了沥青面层，路北侧通行有轨电车。

1950年，广安门内大街展宽至9米，修筑水泥混凝土路面；同年在珠市口东大街（珠市口至水道子之间）修筑8米宽水泥混凝土路面。1953年拆除有轨电车道；同年，广渠门内大街展宽至9米，修筑磁器口至幸福大街之间的路段。1955年在广渠门内大街（幸福大街以东地段）修筑12米宽粒料稳定土路面。1958年加铺沥青混凝土面层；广安门内大街展宽至15米，铺沥青碎石面层，修两侧1~4米宽人行道；骡马市大街修筑沥青混凝土路面。1965年骡马市大街两侧修人行道。1967年珠市口东大街两侧修

两广路

沥青人行道。

　　1979年，将骡马市大街展宽至18~26米，两侧铺水泥砖人行道。1983年广安门内大街两侧加铺人行道，同年广渠门内大街（幸福大街至无线电厂之间）、珠市口东大街均加铺沥青混凝土面层。1986年在菜市口路口架设过街天桥一座。1988年广渠门立交桥建成，广渠门内大街与之相连。

　　1993年4月至1994年7月，菜市口至广安门桥路段全长1.8公里实施改扩建。

　　2000年8月至2001年7月，菜市口至广渠门段全长6.18公里实施改扩建。改建后设计速度为60公里/小时，全线为双向6~8车道，辅路宽7米，路面全部采用改性沥青玛蹄脂碎石混合料（SMA）。新建地下人行通道3座、人行过街天桥12座。

西直门内大街

　　东起新街口丁字路口，西至西直门桥，全长1183米。1924年建有轨电车道时，在路中修了比轨道稍宽一点的碎石路面，民国年间修沥青路时，将碎石路铺到路边，但沥青仍未铺到路边。1950年开始才将沥青路面铺到路边。1959年拆除有轨电车道，修复路面后，又通行无轨电车。1964年8月，由北京市市政一工程公司做沥青表面处理工程（包括改善路口），铺装面积15万平方米，同年9月做了步道工程，面积为1.2万平方米。

张自忠路

西起美术馆后街北口,与地安门东大街相连;东至东四北大街,与东四十条相接。全长712米,路面面积9627平方米。

明代属仁寿坊,称铁狮子胡同。明崇祯贵妃之父田畹居于此巷,因其门前有两尊铁狮子而得名。清代属正白旗。1946年,为纪念抗日将领张自忠将军命名为张自忠路。1965年整顿地名时,将麒麟碑胡同并入,后又全部并入地安门东大街。1984年复称张自忠路。

该路原为贯入式沥青碎石路。1952年6月以前,中国人民大学(以下简称人大)以西为6米宽路面。人大门前道路南侧有一砖砌影壁,路面宽23米。人大门东石狮子往东60米长段,由

1990年的张自忠路

28米宽渐变为10米宽，此段路中有一斜长三角形地带（带内植树十余棵），路分南北两线各宽6~7米。再向东至东口长110米段，由10米变宽至29米、再变窄至9米。该段较宽处路中有一直径约15米砖砌圆池。路在圆池两侧各6~7米宽，南侧墙仍为一砖砌影壁。东口内约9米长段为水泥路面。由于人大门前至东口地段行车不便，于1952年6月至8月由北京市建设局道路工程事务所施工，对该路段进行改善。拆除障碍物，由三角地带北侧向东取直至东口，修筑9米宽沥青碎石路面（总面积1102平方米），并拓宽东口，将门前两尊石狮移到大门东西两侧。

1963年5月，北京市市政工程管理处对该路进行养护修理，喷洒沥青罩面8480平方米。

张自忠路现状

1972年10月由东城区养路队施工，随地安门东大街一同在两侧人行道加铺3厘米沥青石屑面层（总面积3297平方米）。

1984年10月，北京市市政工程管理处在对地安门东大街综合修理的同时，对该路全线砌筑水泥混凝土方形树池225座。该路为单幅式路，混合车道。人大清史研究所以西路宽12米，以东道路宽度由12米渐变至18米。道路结构为5厘米厚沥青混凝土面层，15厘米厚沥青碎石底层。人行道宽度南侧3.5~5米，北侧2~2.7米；人行道结构为5厘米厚水泥小方砖面层，15厘米厚石灰土底层。人行道面积为5322平方米。全线管道排水。路两侧人行道上各有水泥混凝土预制板方形树池一排，水泥混凝土立路缘石。

民国年间段祺瑞执政府旧址（在人大院内，门牌张自忠路3号）即"三一八"惨案发生地，1984年定为市级文物保护单位。张自忠路7号，原为和敬公主府。张自忠路23号，原为清达公府，是孙中山在北京下榻和逝世的地方，后为中山先生纪念馆，系市级文物保护单位。张自忠路5号即欧阳予倩故居，系区级文物保护单位。

地安门西大街

东起地安门，西至平安里，全长1978米。明朝地安门为皇城之北门，皇城城墙外有路，即现今的地安门大街雏形，明代称皇城北大街。1911年皇城北城墙拆除辟建为路。1951年拆除庆王府等房屋，打通西黄城根至平安里段，修建宽 7 米的沥青路。该路段称平安里大街。1965 年两段合并统称地安门西大街，中央行驶单线有轨电车，东西过往车辆可由平安里直通地安门，不再绕行太平仓。1953 年拓宽北海公园北门段，向北扩展 5.1~6.7 米。北海公园北门至地安门段向南展宽 7~7.6 米，使路面全宽为 13.4~14 米，截弯取直改善路线。1954 年，教场胡同至北海公园北段，南侧加宽 7.5~10 米，总宽达 24 米，以满足北海公园、什刹海游泳场、北海体育场群众集散需要。1959 年拆除有轨电车轨道，北边砌挡土墙，道路连成整体。北海公园北门西步梁石拱桥俗称西不压桥，改为水泥混凝土盖板桥，并改善道路纵坡。1965 年两侧又铺装 1.5~5 米人行步道，完善了市政设施，全线沥青路面总面积 3.5 万平方米。

景山前街

东起北池子大街北口，西至北长街北口，全长 980 米。明、清两代位于皇城内，为禁区；民国初期开辟西安门皇城豁口，连通西安门大街。1926 年景山东街至景山西街段修建成宽 6 米的沥青路，1938 年又延修至北池子北口。1956 年将旧路向南侧拓宽，拆除民房及大高玄殿前的两座习礼亭，建成 18 米宽的车行道，同时两侧铺装宽 3.6 米的人行步道。20 世纪 60 年代进行磨耗层修整。1977 年、1978 年先后对旧路重新加铺沥青面层，并展宽两侧人行步道，全线铺筑沥青路面 1.87 万平方米，两侧铺装宽 3.6~6 米的人行步道。

文津街

东起北长街北口，西至府右街北口，全长 792 米。为解决车辆通行北海石拱桥坡陡、桥窄、阻车三困境，1956 年对北海大桥进行调整纵向坡度、展宽、改善工程。文津街由原宽 10 米拓宽为 18~20 米，铺筑沥青面层 2.6 万平方米，两侧铺装宽 5 米的人行步道。1979 年 8 月，配合地下管道建设，将车行道展宽至 20~25 米，并加固路面。

西安门大街

东起府右街北口，西至西四丁字路口，全长 709 米。1912 年辟西安门皇城豁口，连通西安门大街，路面为 9 米宽的简易沥青路。1956 年进行了加固并拓宽到 18 米，两侧铺装 3~5 米人行步道。1987 年府右街北口至西安门段北侧长 380 米的路段增建宽 5 米的慢行线，全部铺装沥青路面，总面积 15 万平方米。

西四东大街

元代称马市大街，因地处西四以东，1965 年更名为西四东大街。东起西黄城根北街，西至西四十字路口，全长 310 米。

1954年4月整修、加固、加宽，旧路部分加铺9厘米厚沥青混合料，向北展宽3.35米，路宽达到14米。面积4334平方米。

阜成门内大街

东起西四十字路口，西至阜成门桥，全长1391米。阜成门为清朝运煤入城的主要通道。1956年，将原路拓宽为19米，铺筑沥青路面。1963年至1964年两侧铺装3米宽的人行步道。

20世纪60年代的阜成门内大街

前门西大街

前门西大街，明代称城下大街，清代称前门西城根，民国时称顺城街，1956年始定今名。东起前门大街（前门箭楼环路）西侧路边，中与人民大会堂西侧路、兵部洼胡同相交；西至北新华街南口，与宣武门东大街相连。长954米，路面面积39846平方米。该路原为土路，清宣统元年（1909）修成6米宽碎石路面。

1951年，前门西大街被改修成9米宽沥青碎石路面。1954年由于修上下水道将路面损坏很多，由养路工程事务所在恢复掘路的基础上做级配砂石基础、简易沥青碎石面层。1957年将路面展宽至14米，北侧修3米宽沥青面层人行道。

20世纪60年代后期将城墙拆除，1970年修建地下铁道后，建成水泥混凝土路面层。1973年6月至1974年4月由北京市第一市政工程公司在两侧修快慢车道分隔带及6~7米非机动车道和3米宽人行道（电业局至和平门之间北侧人行道利用旧沥青路）。1978年8月至11月，在水泥混凝土路面上加铺沥青碎石面层及联结层、8~18厘米沥青碎石联结层、5厘米黑色碎石面层。

1978年10月至1980年4月，为增加道路通行能力，将非机动车道及人行道都相应展宽。供电局至和平门之间北侧人行道也修成5米宽的水泥砖面层。

该路为三幅式路面，机动车道宽25~28米，快慢车道分隔带各3~7米，非机动车道宽7~9米，人行道各宽5米；人行道外为绿化带，南侧居民楼前有2米宽小路。机动车道道路结构为：面层为5厘米厚沥青碎石，联结层为8~18厘米厚沥青碎石，基层为水泥混凝土。非机动车道道路结构为：面层为3厘米厚沥青石屑，联结层为7厘米厚碎石，基层为20厘米厚级配砂石。人行道面层为水泥小方砖，人行道路面面积为12210平方米。全线均为管道排水。东端有1座人行地下通道。

宣武门东大街、宣武门西大街

东起南新华街北口，西至广安门北街北口，全长2950米，宽90米，面积26.55万平方米，以宣武门为界分为宣武门东大街、宣武门西大街，均为沥青路面，上下各3条车道，各宽12米，两侧绿化带各宽7.8米，自行车道各宽9米，人行道各宽16米。

珠市口东大街

西起珠市口，东至磁器口，与崇文门外大街相交后和广渠门内大街相接，长1788米，均宽8米，两侧有人行道2~5米。明嘉靖年间修筑外城后形成街巷，自西向东当时称西三里河和东三里河，清代称东珠市口、三里河和东柳树井，民国时期称东珠市口、过街楼、三里河、平乐园和东柳树井，1965年改用现名。该

珠市口东大街

路曾通行有轨电车，1950年，路轨南侧修筑5~6米宽混凝土路面，20世纪50年代末拆除北侧电车轨道，修筑2米宽沥青碎石路面。1963年和1967年修筑两侧步道。1968年，分3段全部加铺黑色碎石和沥青混凝土。1984年，在车行道上全部加铺5厘米黑色碎石。

广渠门内大街

自蒜市口向东，穿过广渠门铁路立交桥，至广渠门立交桥与广渠门外大街相接，全长2260米，宽13~20米，两侧铺装沥青或九格方砖步道。原广渠门大街，在今夕照寺街北口，广渠门内大街南侧，东起广渠门洞，西至石道嘴（今夕照寺铁道桥东侧）。1955年，拆除广渠门北侧一段城墙，向西另开新路，将栖流所、大石桥、榄杆市、东草市、蒜市口贯通，把宽窄不一、高低不平的土路改建成10~13米宽的道路。蒜市口至元宝市（今小市口南口）均宽10米；小市口南口至护城河东岸（过桥）均宽13米，1958年改建为沥青碎石路面。1965年，将新路定名广渠门内大街，原广渠门大街改称广渠门南小街。1971年至1973年，广渠门铁路与公路平交改为立交后，安化楼以东至立交处530米长一段路展宽为20米，20世纪80年代又将全路加铺面层。

珠市口西大街

东起前门大街珠市口，西至虎坊桥十字路口，长1147米，宽27米，面积3.1万平方米，条石路牙，灰土、石渣、沥青路面。该路属明代所称"南大街"的一部分，民国时期称西珠市口、西柳树井，1965年定名为珠市口西大街。清末（1906年）前为土路，后修成简易石渣路；1951年整修了南北便道；1956年铺筑沥青路面；1958年又重修了人行便道及下水道。

骡马市大街

东起虎坊桥，西至菜市口，长873米，宽30米，面积2.62万平方米，为灰土、石渣、沥青路面。该街中段以西是金中都的施仁门大街，明建罗城后又是南大街的一段。明代，菜市口铁门胡同以西至菜市口称菜市口街。该路于1915年铺石渣路275米；1956年铺筑沥青路面；1979年拓宽大街，由原来9米拓宽到16米，人行步道宽6米；1988年，在宣武门外大街南口处建成1座过街天桥。

广安门内大街

东起菜市口，西至广安门，长2100米，宽70米，面积14.7万平方米，清道光年间称为广安门大街，1965年定名为广安门内大街。1915年铺设石渣路面；1955年拆除了广安门箭楼，整修了下水道并恢复路面；1994年拓宽为现状。

二环路内次干路

二环路内连接主干路的南北向次干路主要有29条，共计33.3公里，路面面积共计45.01万平方米。其中最长的路是太平桥大街，长2078米；最短的路是美术馆东街，长329米。东西向次干路主要有19条，长度17.25公里，路面面积26.69万平方米。其中最长的路是天坛路，长2143米；最短的路是东安门大街，长370米。

南北向次干路

东直门北小街—北京火车站

从东直门北小街北口开始,向南经东直门内大街、朝阳门内大街、建国门内大街至北京火车站,由5条路组成。它们是东直门北小街、东直门南小街、朝阳门北小街、朝阳门南小街、北京站街,共计长4.88公里,路面面积4.39万平方米。

元代此线就有土路。1924年,京都市政公所在朝阳门南小街修碎石路面。

1958年10月,北京市第一市政工程公司在东直门南小街修沥青碎石路面。1959年为配合北京火车站的修建,由北京市第一市政工程公司修北京站街,宽30米,为一幅式沥青路面。

1963年至1966年,先后将朝阳门南小街、朝阳门北小街、东直门北小街修成沥青路面,除东直门北小街修沥青表面处理结构外,其余都修成沥青混凝土路面。

1977年至1981年,先后将5条路两侧修成沥青石屑或水泥小方砖人行道。1988年,北京市市政工程管理处在东直门北小街加铺沥青混凝土面层。

1990年8月至10月,北京市市政工程管理处为改善朝阳门北小街路口交通堵塞情况,在东侧修90米非机动车道,路面宽5米。

安定门—前门东大街

由安定门开始,向南经交道口、东四西大街、东长安街至前门东大街,由6条路组成。它们是安定门内大街、交道口南大街、美术馆后街、美术馆东街、王府井大街、台基厂大街,长5.32公里,路面面积9.37万平方米。

元代这条路向北是通往安贞门的大路,明代是安定门内南北向的主要大街。

20世纪20年代,安定门内大街、交道口南大街、王府井大街先后修成碎石路面,40年代修成沥青路面。王府井大街已是繁华的商业街,两侧铺有人行道。20世纪50年代初,台基厂北段修成沥青路面。

1956年,安定门城楼两侧各开一豁口,修路后形成环岛,使交通拥挤状况得到缓解。1959年,为了配合中国美术馆的修建,将原马市大街、大佛寺西街展宽,后改名为美术馆东街、美术馆后街。同年,安定门环岛路面展宽至9米,修成沥青路面。安定门内大街路面宽达12米。

1964年至1966年,翻修王府井大街两侧水泥砖人行道。1970年由北京市市政工程管理处施工,展宽王府井大街、东安门大街至东四西大街之间道路,路面宽12米。

1972年,北京市市政工程管理处展宽台基厂大街南段道路,由7米展宽至13~14米,两侧水泥人行道宽2~4米。1973年北京市第一市政工程公司展宽安定门内大街、交道口南大街,宽度达20米,两侧修沥青石屑人行道。

1986年，北京市市政工程管理处在王府井大街加铺沥青混凝土面层，两侧修无障碍道口，南端西侧修20米长非机动车道。1987年，北京市市政工程管理处在交道口南大街棉花胡同以北修106米长非机动车道。

1990年6月至8月，由北京市第四市政工程公司在灯市口至东四西大街之间将路面展宽至20米。

北河沿北口—前门东大街

从北河沿北口，向南经东华门大街、东长安街至前门东大街，由北河沿大街、南河沿大街、正义路3条道路组成，共计长3.53公里，路面面积6.3万平方米。

此线在元代为御河，河岸有土路。明代将南河沿、北河沿划入皇城范围，停止行船，河道逐渐淤积。

1901年以后，正义路在使馆区内。民国初年将正义路段御河修成暗沟，两侧修路，中间形成街心花园。1925年至1927年，拆除皇城城墙。

20世纪50年代初期，南河沿改暗沟，修筑沥青路面。1955年北河沿也修成暗沟，上面形成土路。1958年南河沿由养路工程事务所施工，修成沥青混凝土路面。1959年11月至1960年6月，由北京市第一市政工程公司将北河沿修成9~15米宽的沥青路面。

1979年7月至10月，正义路两侧由北京市市政工程管理处修人行道。1982年，北京市市政工程管理处将正义路南段由6米展宽至10米。1983年，在正义路北端加铺沥青混凝土面层。

1988年,南河沿大街由7米展宽至21米。

广渠门内大街—左安门

自广渠门内大街开始,向南经体育馆路、光明路至左安门。此线只有幸福大街、左安门内大街两条路,共计长2.64公里,路面面积2.89万平方米。

自明代建北京外城后,左安门内大街就是一条重要大街。1952年,修成砾石路面,宽6米。1953年,随着城市发展新辟幸福大街,修成砾石路面,宽7米,建居民楼。1955年,由北京市养路工程事务所将幸福大街修成沥青表面处理路面。1959年,左安门内大街修成沥青表面处理路面。

1965年,将幸福大街加宽至9~10米,1973年修两侧人行道。1981年,左安门内大街修两侧人行道。1987年,为配合左安门立交桥建设,北京市第二市政工程公司将左安门内大街展宽至8~12米,并重新修两侧人行道。

德胜门—右安门东滨河路

从德胜门开始,向南经地安门西大街、西安门大街、西长安街、前门西大街、珠市口西大街至右安门东滨河路,是一条穿城路线。包括德胜门内大街、西什库大街、府右街、北新华街、南新华街、虎坊路、太平街7条路,共计长8.53公里,路面面积12.43万平方米。

元代,德胜门内大街是元大都健德门内大街,明代是德胜门大街。

1912年,府右街处拆除原灰厂、机巧营并开辟新路。北新华街原是河道，1913年以后逐渐形成土路。1917年，府右街修成碎石路面，宽度9.5米。1924年，南新华街、北新华街修成碎石路面，路面展宽至12.5米。1926年在前门与宣武门之间开一豁口叫兴华门（后改称和平门），使南新华街和北新华街得以连通。1929年先农坛东墙拆除，1930年新辟太平街修碎石路面。以后先农坛西围墙向东退建。1932年，府右街以北修成沥青油路面。1933年，北新华街修成沥青路面。和平门以北200米段修成上下行道，各宽7.6米，中间隔离带9.2米。1936年，府右街灵境胡同以南修成沥青路。1942年，日本株式会社北京出张所在德胜门内大街修护国寺与延年胡同之间的沥青路，宽6.3米。

1951年至1954年，德胜门内大街、西什库大街、南新华街、北新华街、虎坊路分别修沥青碎石和沥青混凝土路面；和平门以北200米段，上下行各展宽2米，隔离带缩至5.2米宽。1956年至1957年，由北京市道路一公司在府右街东红门胡同至饽饽房胡同之间新辟345米新路，此段形成上下行路，全线加铺沥青混凝土面层。1959年和1960年对德胜门内大街和虎坊路做基础加固工程。

1963年，南新华街两侧修人行道。1971年，北新华街做加固工程。1978年5月至7月，北京市第二市政工程公司将府右街展宽至16米，两侧修人行道。同年，虎坊路两侧修人行道，东侧宽6米，西侧宽10米。1979年，德胜门内大街两侧修人行道。

1983年至1985年，由宣武区养路队修太平街两侧人行道，在路南端修400米长慢车线。1987年，南新华街因修电信管道全线道路掘开，后由北京市第二市政工程公司重新修建。1987年，由北京市市政工程管理处在府右街南口改善路口，向西展宽 4~5 米。

赵登禹路—右安门西滨河路

从赵登禹路开始向南至右安门西滨河路，包括太平桥大街、佟麟阁路、长椿街、牛街、右安门内大街，共 6 条道路，共计长 8.4 公里，路面面积 9.64 万平方米。

明代，今赵登禹路、太平桥大街、佟麟阁路是大明濠，又叫金水河。

1921 年至 1930 年，先后将明沟改为暗沟，沟上形成土路，1925 年至 1936 年由北平市工务局修成碎石路面。1951 年由北京市建设局道工所将牛街修筑成碎石路面，同年太平桥大街、佟麟阁路翻修成碎石路面，两侧砌水泥偏沟路缘石。1952 年至 1953 年，赵登禹路、牛街、右安门内大街先后修成沥青路面。1958 年至 1960 年，佟麟阁路、太平桥大街修成沥青路面，并将姚斌庙胡同（民族饭店对面）土路修成沥青碎石路。1964 年，太平桥路丰盛胡同以北路两侧修人行道。

1974 年至 1976 年，太平桥大街、佟麟阁路加固路面，两侧修人行道。1978 年至 1981 年，赵登禹路、牛街先后修两侧人行道。1984 年至 1988 年，在太平桥大街、牛街、右安定门内大街加铺沥青混凝土面层。

北京站

北京站街

1959年,北京站落成后,拆除站北侧的沟沿头、闹市口两条街巷的民房拓宽的一条道路,全长370米、宽66米,车行道宽30米,沥青路面。原名站前街,1965年改称北京站街。

安定门内大街

北起安定门立交桥南端,南到交道口南大街北端。因位于安定门内而得名。始建于明代,全长910米、宽12米。1969年修建北京地铁,将安定门拆除。1978年12月,在安定门城门旧基上建成了安定门立交桥。安定门内大街,明代、清代称"安定门大街",自今安定门立交桥南端至宽街。中华民国时期,交道口以北沿用旧称"安定门大街",以南称"交道口南大街"。1965年整顿地名,将安定门内大街两侧的如意巷、小炮局、牛圈、钥匙、朝阳、背阴等小巷并入,统称"安定门内大街"。安定门内大街是北京城区南北方向的重要通道。1976年,对大街扩建铺装,路面展宽为30~36米,车行道19米,两侧建人行步道,铺筑沥青混凝土路面。

正义路

北起东长安街,与南河沿大街相连,中与东交民巷相交,南至前门东大街止;分东、西两线,长748米,路面面积12115平方米。该路处于御河两岸,与南河沿、北河沿同是古运河的一部分,是元代开凿的运粮河。河上有三桥:东长安街处称御河桥,东交民巷处称中御河桥,现前门东大街处称南御河桥。明代永乐年间修建北京皇宫,把南河沿、北河沿圈入皇城之内,船舶停航,河道淤积。清代时称御河两岸为东河沿、西河沿。

1901年以后,这里成为各国使馆和租界区。民国时期,将御河桥及该段河道改建成暗沟,上面植树,河岸两侧修筑马路。东岸称正义路,西岸称兴国路。中华人民共和国成立后,将两路中间地带辟为街心花园,种植花草树木,统称正义路。东线东交民巷以南原为六国饭店西墙,被圈占。20世纪70年代中期后拆六国饭店围墙拓宽道路,形成完整的东线。该路在1979年7月至10月，由北京市市政工程管理处第二管理所施工，修筑东、西两线北段人行道2699平方米，铺筑大方砖480平方米，共3179平方米。1982年10月至11月，由北京市市政工程管理处第一管理所施工，将西线南段原6.5米宽路面展宽到10米，面积1541.5平方米。

1983年9月至1984年1月，由第二管理所施工，修筑东西两线北段路面，加铺6厘米沥青混凝土面层8789平方米，修人行道3541平方米。东线为单幅式路面，车辆由南往北单向行驶，路面宽8米，路面面积6721平方米。东长安街至东交民巷段，人行道东侧宽1~4米、西侧宽2米。东交民巷至前门东大街段，东侧人行道宽3~4米，西侧无人行道。西线为单幅式路面，车辆由北往南单向行驶，东长安街至东交民巷路面宽6.5米，东交民巷至前门东大街路面宽10米，路面面积5394平方米。东长安街至东交民巷西线段人行道东侧宽2米，西侧宽4~6米。

南段路面西侧人行道宽2.5~8.5米，东侧无人行道。东、西线之间的中心绿化带宽26米。北段中心绿化带内，有5条横向连通道路。全线均为管道排水，路面两侧埋设水泥立路缘石，南段无人行道，无树。

幸福大街

北起广渠门内大街，南至体育馆路南，全长1154米，均宽10米。1949年前，东半壁街（今东壁街）以北称火神庙街，以南是义地和农田。1953年修筑火神庙至左安门道路时将广渠门内大街至铁路一段建为7米宽砾石路面。1955年在此基础上改建为双层沥青路面。以后因城市改建，铁路两侧被民房或单位占用，该路不能直通左安门。1965年，广渠门内大街至体育馆路一段路宽由7米拓宽为10米，并安砌水泥立道牙，工程竣工后定现名。1973年，将两侧土便道改建为黑色石屑面层。幸福大街是区级主要机关所在地。

左安门内大街

北起光明路，南至护城河，长1487米，均宽11米。北平解放前左安门一带大部分是义地和窑坑。1952年，清理窑坑和荒冢，挖成龙潭东、中、西3个人工湖。1953年修筑火神庙至左安门道路时，将铁路至左安门一段建为7米宽砾石路面。1955年改建为沥青路面。后因铁路两侧被民房或单位占用，左安门内大街不能与火神庙街（今幸福大街）直通。在火桥北里东侧新辟一段南北线与左内大街和光明路接通，并修建两侧步道，成为左安门内大街的一部分，形成现状。

德胜门内大街

北起德胜门桥，南至地安门西大街，全长1686米。原为宽5米的简易沥青路，1954年在现状街道范围内拓宽为7米，铺筑沥青路面1.2万平方米。1979年两侧铺筑宽2~3.5米的人行步道。

西什库大街

北起地安门西大街，南至西安门大街，全长1266米。1949年前为土路。由于城市的交通不断发展，为缓解西单经西四至新街口一线交通状况，1954年将土路改善为宽5.5米的简易沥青路。1958年拓宽为7.8米，铺筑沥青路面9874平方米。

府右街

南起西长安街，与北新华街相接，中与力学胡同、灵境胡同相交，北至西安门大街。民国初年因在中南海袁世凯总统府右侧，故名，后沿用。长1693米，路面面积29503平方米。1912年拆除原灰厂、巧机营等辟筑成路，1917年修成碎石路面，路面宽9.5~9.7米。1932年黄城根灰厂豁口以北773米段修成沥青碎石油路面。1936年将南段亦修成沥青碎石油路面。

1956年，北京市道路一公司将东红门至饽饽房东口之间裁弯取直，新辟一条道路以改善交通状况。1957年5月至6月由养路工程事务所做沥青表面处理。1958年7月至9月加铺沥青砂面层。1977年年底至1978年年初，北京市第二市政工程公司埋设地下管道，做道路展宽加固工程，路面宽16米，两侧修

5~6 米宽水泥砖人行道。1987 年由北京市市政工程管理处在南口做道路改善工程，向西侧展宽 4~5 米，使路口交通堵塞现象得到缓解。

府右街为单幅式路面，车道宽 16 米（南口达 20 米），人行道各宽 5~6 米。车行道面层为 4.5 厘米厚沥青碎石，上面有 1.5 厘米厚沥青石屑，联结层为 10 厘米厚碎石，基层为 40 厘米厚级配砂石。人行道面层为水泥小方砖，路面面积为 16411 平方米。全线均为管道排水。

南新华街

北起和平门，南至虎坊桥十字路口，长 1170 米，宽 20 米，面积约 2.34 万平方米。明代前，该街为河道，清代作明沟泄水。1926 年，辟和平门豁口，修建了和平门以及贯通南北的街道，为石渣路。1951 年，将该街建成了沥青石屑路面，路两侧铺设沥青步道。

南新华街

北新华街

北起西长安街，南至和平门，全长 795 米。北新华街在清代以前是明渠，南头城根有化石桥，民国年间改明渠为暗沟，拆除化石桥。1925年在城墙上开门洞，命名为兴华门，1927年更名为和平门。1957年至1958年间，将和平门双洞拆除，改建为宽70米的豁口，修建宽22.5米的车行道。同时拆除西交民巷以南上下行车道的隔离带，将道路连成整体，道路拓宽为24.5米。路况为宽11~24.5米的沥青路，沥青路面1.2万平方米，两侧铺装宽4~5米的人行步道。

虎坊路

北起虎坊桥十字路口，南至北纬路西口，长500米，宽32米，面积约1.6万平方米。该路北端原系河道，1914年填平明沟、洼地，拓宽了路面；1949年前，该路一直为土路状；20世纪50年代曾三次进行翻修，并通行无轨电车。

赵登禹路

南起阜成门内大街，北至西直门内大街。全长1866米，均宽13米。原为河道，明代称大明濠、西沟或河槽。清代河边道路称西河沿，俗称臭沟。1921年至1930年河道改为暗沟，辟建成路，俗称沟沿。因位于阜成门内大街之北皇城之西，故又称北沟沿或西沟沿。抗日战争胜利后，为纪念抗日爱国将领赵登禹，将朗才胡同西口至西直门内大街路段称赵登禹路。1953年赵登禹路进行修建，建成沥青碎石路面。1958年5月对该路进行了沥青表面处理。1965年将东门楼、燕代胡同并入。"文化大革命"中一度被改称"中华路"。1971年将阜成门内大街以南路段并入太平桥大街，阜成门内大街以北路段，因在白塔寺东而更名为白塔寺东街。1977年赵登禹路两侧铺装九格方砖步道，由西城区养路队施工，面积1.2万平方米。1984年10月12日，阜成门内大街以北路段复称赵登禹路。

太平桥大街

北起阜成门内大街，南至复兴门内大街。1921年至1926年，大明濠明沟改暗沟后，其上建成马路。1925年至1935年修筑为石渣路。1974年做道路改建工程，完成沥青路面长2078米，宽12.5~12.8米。1987年，太平桥南段（羊肉胡同至丰盛胡同段）修建步道工程，面积约2800平方米。

佟麟阁路

北起复兴门内大街，南至宣武门西大街。原为沟渠，明代称河漕，清代习称南沟沿。20世纪30年代河道改为暗沟并辟成路，称沟沿大街。1946年后，为纪念抗日爱国将领佟麟阁，命名为佟麟阁路。1971年曾更名为民族宫南街，1984年复称佟麟阁路。1952年进行沥青、碎石的铺装。1976年4月实施道路改善工程，结构为碎石底层，沥青混凝土面层。路长1053米，宽10.8米，面积1.1万平方米。

长椿街

北起宣武门西大街中部,南至广安门内大街,长1265米,宽20米,面积2.53万平方米。街南部旧称西斜街,清代又改称土地庙街、槐树斜街、下斜街,1965年整顿街巷名称时定名为长椿街。1972年在该路修下水道591米;1974年修筑成黑色石屑路,同时铺设人行步道2643平方米;1982年铺筑沥青路面。

牛街

北起广安门内大街,与长椿街相连;南至南横西街西口,与右安门内大街相接。全长660米,路面面积4667平方米。明代已成巷,称礼拜寺及牛肉胡同,清乾隆年间改称牛街。1951年,修筑碎石路面。1952年,进行沥青表面处理。1981年,宣武区养路队修建了人行步道。1986年,北京市市政工程管理处加铺了厂拌沥青碎石。车行道宽7米,人行步道东侧宽3米、西侧宽1米。车行道为5厘米厚厂拌沥青碎石面层、14厘米厚碎石基层。人行步道道路结构:5厘米厚水泥混凝土九格方砖面层,2厘米厚石灰砂浆卧底,10厘米厚石灰土基层。沿线均为管道排水。沿线主要单位有清真寺。

右安门内大街

北起南横西街西口,与牛街南口相接;南至右安门桥,长1500米,宽30米,面积4.5万平方米。明代建南罗城设右安门时形成此路,但仅为一条狭窄土路;清代称之为右安门内大街,沿用至今。1950年进行整修;1956年用碎石进行路面处理;1959年铺设成沥青路550米;1985年在路南端铺设了沥青人行步道300米。

东西向次干路

景山后街—金鱼胡同

东城区有东西向次干路6条。其中景山后街(西城区亦辖)、东华门大街、东安门大街和金鱼胡同共长1.86公里,路面面积3.05万平方米。

元代,这条线已形成土路。

明代,景山后街和东华门大街均在皇城内,东华门大街及东安门大街是大臣上朝时必经之路。修有石板道,后在马车轮轧压下破损。光绪三十二年(1906)至光绪三十三年(1907),东华门大街、东安门大街先后修成碎石路面,各宽5米。20世纪30年代先后修成沥青油路面,路面各宽8米左右。

1958年东华门大街、东安门大街加铺沥青混凝土面层。1960年景山后街展宽至12米。1964年金鱼胡同做沥青表面处理。1973年北京市市政工程管理处将东华门大街、东安门大街展宽至20米,两侧修水泥砖人行道。同年,景山后街修人行道各宽5.5~6.5米。1984年,北京市第四市政工程公司将金鱼胡同西段展宽至11米,路面加铺面层,加固基础。1987年至1990年,市政四公司将金鱼胡同展宽至16米。

北京站西街、东街,共计长1.81公里,路面面积4.38万平方米。

1969 年为配合第一期地下铁道的修建，拆除沿线的房屋，地铁竣工后形成此线的西段，单幅式路，路面宽 20~23 米。1973 年 6 月至 9 月北京市第一市政工程公司修此段两侧人行道。1987 年 7 月至 9 月，北京市第二市政工程公司修北京站东街东段，修成三幅式路面。机动车道宽 16~19 米，非机动车道各宽 5 米，两侧人行道各宽 4~5 米。1989 年 4 月至 9 月，北京市市政工程管理处在此线上修建未完成的人行道，并砌筑方树池。

天坛路—体育馆路—光明路

崇文区内东西向次干路有天坛路、体育馆路、光明路 3 条道路，总长 3.94 公里，路面面积 9.9 万平方米。天坛路在天坛北坛根，北侧是龙须沟，北平解放前是贫苦人聚居区，环境很差，有坛根土路。体育馆路、光明路在天坛东门正东方向，此地带原是一片坟场、洼地和苇塘。中华人民共和国成立后，在龙须沟修建下水道以后，环境有根本变化，1955 年天坛路修沥青碎石路面。北京市第一座体育馆——北京体育馆修建时，新辟了体育馆路。1961 年新建光明路，建设光明楼区。1966 年拆除天坛路上的有轨电车轨道，1975 年修两侧人行道。20 世纪 80 年代天坛路修成两幅式路，机动车道宽 15 米，北侧加修非机动车道宽 3~4 米，人行道各宽 3~5 米。体育馆路修成三幅式路面，机动车道宽 21 米，非机动车道各宽 7 米，人行道各宽 5 米。光明路亦修成三幅式路面，机动车道宽 8~21 米，非机动车道各宽 3~7 米，人行道各宽 3~5 米。

北纬路—枣林前街—陶然亭路—白纸坊西街

宣武区内东西向次干路有 7 条。从北纬路开始向西，经南横东街、南横西街至枣林前街,共有4条道路,总长4.11公里,路面面积3.58万平方米。明代这里就有土路,直至20世纪50年代初才修筑碎石路面或砾石路面。1952年北纬路、南横东街由养工所修成沥青表面处理路面。1958年至1959年,南横西街及枣林前街东段修成沥青表面处理路面。1972年由宣武区养路队将枣林前街西段修成3厘米厚沥青石屑路。

从陶然亭路开始向西,经白纸坊东街至白纸坊西街,有3条东西向次干道,总长3.23公里,路面面积4.52万平方米。中华人民共和国成立前就有土路。1953年至1954年,白纸坊西街、白纸坊东街先后修成砾石路面,宽5米。1954年至1955年,此3条路先后修成沥青表面处理或沥青碎石路面,宽5~7米。1961年陶然亭路加宽至11米,全线加铺沥青混凝土面层。同年白纸坊东街也加宽路面达11米。1974年至1975年,陶然亭路、白纸坊东街两侧修人行道;白纸坊西街加宽至10~14米。1980年至1984年,由宣武区养路队分段修白纸坊西街两侧人行道。

丰盛胡同—武定胡同—辟才胡同

西城区东西向次干路有3条。由丰盛胡同、武定胡同、辟才胡同组成,共计长2.3公里,路面面积1.27万平方米。三条胡同的名称都源于明代。明永乐年间丰城侯李彬的府第在该路边,故称丰城胡同,清代改称丰盛胡同;因有武定侯府而称武定胡同;因路南侧有大木厂堆放劈柴,而称劈柴胡同,1905年臧佑宸在此胡同开办的"京师私立第一两等小学堂"有开辟人才之意,故改此路为辟才胡同。1914年丰盛胡同东段修碎石路面,1919年西段修成碎石路面，宽5米，1935年修成沥青泼油路面。1936年辟才胡同修成碎石路面。1950年在武定胡同西口城墙开豁口，护城河上架木桥。1953年辟才胡同修筑沥青表面处理路面。1958年武定胡同做沥青表面处理，从顺城街至二环路新修70米长新路，1975年西城区养路队将70米段修成沥青石屑面层，此段路面展宽至13.5米。1985年因在丰盛胡同修下水道，将路面全部掘动，此路重新修成6米宽沥青路，两侧水泥砖人行道各宽1~2.5米。1986年辟才胡同加铺沥青碎石面层，两侧各修1~4米宽人行道。

景山后街

东起景山东街，西至景山西街。全长482米，均宽13米。清代始称景山后大街，因在景山之后，故名。南侧为景山公园，内有北京市少年宫、北京市青少年科学技术馆等单位。

东华门大街

西起故宫东华门，与东阙门路相连，中与南池子大街、北池子大街相交，东至南河沿大街，与东安门大街相接。全长432米，路面面积8715平方米。

明代已形成，至清代仍属皇城之内，清宣统年间称东安门大街。1956年整顿地名时，称东华门大街。1956年以东安门原址为界，西段称东华门大街。

该路东端原为御河（后称东河沿），河上有一座东安桥。原东安桥上有座真武庙，中华民国初年将桥拆除，改为太平桥；庙改建在大街东端北侧，现仍保存。20世纪50年代初，桥南的明沟（原河道）修建了下水道，并在其上修路；1955年桥北又修建了下水道，1958年在其上修筑了路面。1958年6月至8月，北京市道路工程局养路工程事务所将该路与东安门大街、八面槽（现王府井大街中段）加铺3厘米厚细粒式沥青混凝土面层。1973年8月至11月，北京市市政工程管理处再次对该路和东安门大街进行道路改善工程，铺筑沥青石屑及沥青碎石（贯入式）面层，并翻修人行道、挡土墙，对雨水管等全面整修。

该路为单幅式路面，车行道宽20米，人行道南侧宽为4~10米，北侧宽为8~25米。车行道结构在故宫博物院门前是64米长石板道面层，往东全线为2.5厘米厚沥青石屑面层、7~15厘米厚沥青碎石（贯入式）联结层，基层为旧油路。

人行道结构：南侧大部分地段为5厘米厚水泥小方砖面层，北侧和南侧东头为5厘米厚缸砖面层，2厘米厚石灰砂浆联结层，10厘米厚石灰土基层。人行道面积3352平方米。道路中心线直对故宫博物院东门中心线。有挡土墙60米。路面两侧为旧式水泥混凝土偏沟路缘石。该路西端跨越筒子河，全线均为管道排水。沿线单位有北京市第二十七中学（原为清朝光禄寺址）。

天坛路

西起前门大街南端、天桥南大街北端,东到天坛公园东门,呈弧形走向,全长2145米,均宽20米,两侧铺筑沥青或方砖步道。天坛外坛墙北边过去为金鱼池大街。1955年年初,将外坛墙拆除向南退20余米,然后修建简易沥青碎石道路,路宽15米。1965年定现名。1975年和1976年,先后修筑南侧和北侧沥青步道。1988年为解决交通拥挤问题,在该路北侧,西起精忠街南口、东至崇外大街南口,新建一条非机动车行道,长1412米,宽4米,与机动车道隔离带宽1.5米,北侧便道相应北移,并做方砖步道面层。

体育馆路、光明路

西起天坛公园东门,向东穿光明路铁路桥,至光明立交桥,全长2102米。两侧各3米宽步道,2米宽绿化带,7米宽非机动车道,3米宽隔离带,中间为21米宽机动车道。北平解放前,这里多为坟冢、坑洼地和苇塘,龙须沟的臭水从这里流

20世纪80年代的体育馆路

过。1955年北京体育馆及国家体委机关大楼建成后，将天坛东门至幸福大街南口900米长一段，建成宽15米的简易沥青碎石路面。为适应体育比赛的需要，游泳馆经比赛馆至练习馆之间240米长一段，宽度扩为24米。1980年改建为现状。体育馆路和光明路为三幅式路板道路，后在绿化带和隔离带上植杨树、松树，种草、栽花，灯杆也进行垂直绿化，并增设各类运动造型雕塑，为北京市环境优美街。

北纬路

东起天桥南大街，西至虎坊路南端丁字路口，长1178米，宽14米，面积1.65万平方米，白灰土、砂石、沥青石屑路面。1915年，该路位于原先农坛北面的外坛部分定名为北纬路（中华人民共和国成立初中段曾称四面钟），沿用至今。

南横东街、南横西街

南横东街东起虎坊路南段（旧称城隍庙街），西至菜市口胡同南口；再往西至牛街南口为南横西街，全长1979米（其中东街长1075米），宽约6米，面积1.19万平方米，1952年铺设沥青路面，1983年重修。

枣林前街

东起牛街南口,与南横西街相连,沿线与白广路、南线阁路、菜园街相交,西至广安门南顺城街。全长1163米,路面面积8251平方米。枣林前街地区明代泛称枣林儿。清代成街巷,先后称枣林街、高井儿和枣林前街,后统称今名。1953年,北京市养路工程事务所对该街道进行改建,修建了6米宽的砾石路。1959年,北京市养路工程事务所于南线阁以东(东段)进行了沥青表面处理。1972年,宣武区养路队于南线阁以西(西段)修建了3厘米厚沥青石屑面层。车行道宽4~7米;路面两侧为土路肩,各宽1~7米。道路结构为3厘米厚沥青石屑面层、5厘米厚砾石路面旧路、8厘米厚天然砂砾基层。管道排水。

陶然亭路

东起太平街,西至菜市口大街,长1283米,宽10米,面积1.28万平方米,为石渣、沥青路面。1957年修建了该路的车行道和人行步道,1961年曾复修,1987年修筑路面1.8万平方米,人行步道0.95万平方米。

白纸坊东街、白纸坊西街

东起菜市口大街,西至白纸坊立交桥,全长1994米,以右安门内大街与白纸坊街交会的十字路口为界，分为白纸坊东街和白纸坊西街。白纸坊东街长 829 米，宽 18 米；白纸坊西街长 1165 米，宽 25 米，总面积 4.4 万平方米。

丰盛胡同

东起西单北大街，中与什坊小街相交，西至太平桥大街，与武定侯街相连。长 765 米，面积 4597 平方米。明永乐年间，因丰城侯李彬的宅第在此路旁，故称丰城胡同，清代以后称丰盛胡同至今。

该路原为土路，1914 年在东段修碎石路长 119 米，宽 5 米。1919 年，全线修碎石路面，宽 5.5 米。1935 年做泼油路试验，东段用国产井径沥青，西段用亚细亚牌沥青；路面宽 6 米，两侧安装砖路缘石。1985 年在修建下水道后，恢复此路时加固了基础，新修沥青混凝土面层，并在两侧新建水泥砖人行道。

该路为单幅式路，车行道宽 6 米，两侧人行道宽均为 1~2.5 米。车行道结构：5 厘米厚面层为沥青混凝土；联结层为碎石嵌丁，厚 2~3 厘米；基层为石灰土，厚 15 厘米。人行道面层为水泥小方砖，面积为 1661 平方米。全线均为管道排水。沿线单位有北京联合大学应用文理学院大学生创业园等。

二环路内支路

北京市二环路内支路全长556.37公里，道路面积465.5万平方米。随着道路建设、市政工程和城市改造，部分街坊路（胡同）改建成为支路及以上道路；部分支路以胡同为名，主要有东绒线胡同、西绒线胡同、大木仓胡同、宝产胡同、东总布胡同、西总布胡同、红星胡同、东四六条胡同、西章胡同等。2000年，南锣鼓巷改造为旅游观光的特色胡同，全长约790米，宽3~5米。部分支路改建为次干路或主干路，或因拆迁而消失。2001年，菜市口胡同（丞相胡同）、官菜园上街并入菜市口大街，由支路改为主干路。2002年，粉房琉璃街、校场口等支路在拆迁中消失。在奥运中心地区，建成北辰东路西辅路、北二路、景观西路、湖边西路等支路。2010年年底，城六区（含亦庄地区）支路总里程4567.67公里，道路面积3367.83万平方米。

南北向支路

至 1990 年，二环路内联结次干路的南北向支路共计 60 条，长 39.34 公里，路面面积 27.94 万平方米。

东城区范围内的南北向支路主要有 12 条。它们是沙滩北街、南锣鼓巷、北锣鼓巷、东黄城根南街、东黄城根北街、晨光街、校尉胡同、贡院胡同、东直门北中街、东直门北顺城街、兴华路、大华路，共计 7.74 公里，路面面积 4.76 万平方米。

元代，南锣鼓巷为靖恭坊与昭回坊分界街道，北锣鼓巷为金台坊与灵椿坊分界街道，明代称锣鼓巷，清代称南锣鼓巷和北锣鼓巷。沙滩北街在宣统年间因路东侧有松公爷府，故称松公府夹道，1965 年更名为沙滩北街。1920 年南锣鼓巷南段修石碴路面。1951 年，由北京市建设局养工所对大华路进行沥青表面处理。1952 年东黄城根南街、东黄城根北街均修成沥青碎石路面。1953 年贡院西街修成沥青石屑面层。1955 年大华路修成沥青碎石路面，宽 7 米。1956 年东直门北中街加铺沥青混凝土面层。1958 年沙滩北街南段进行沥青表面处理。1962 年大华路南段加铺沥青混凝土面层。1963 年大华路北段做沥青表面处理。1964 年晨光街、南锣鼓巷、北锣鼓巷南段均筑砌沥青表面处理面层。同年，兴华路加铺沥青碎石路面。1966 年，东城区养路队将北锣鼓巷纱络胡同至安定门西城根277米段修成沥青表面处理路面。1968年沙滩北街北段加固基础，修成沥青路面。1975年大华路全线加固。1979年在大华路两侧修水泥砖人行道，宽1.5~6米。1982年北二环路修立交桥后，北锣鼓巷北口与其连通。1983年沙滩北街南段加铺沥青混凝土面层，两侧各修3米宽水泥砖人行道。1986年北锣鼓巷进行翻修加固基础。1990年北锣鼓巷两侧各修1~2米宽的水泥砖人行道。

崇文区范围南北向支路主要有3条。它们是东花市斜街、夕照寺街、天坛南门路，共计长2.19公里，路面面积2.68万平方米。1957年北京市第三市政工程公司修夕照寺街7米宽砾石路面。1965年夕照寺街修成沥青表面处理路面。20世纪60年代后期，东花市斜街修成沥青路面。1976年崇文区养路队将夕照寺街展宽至14米，加固路面。1987年北京市第二市政工程公司修夕照寺街铁路立交桥道路，使该路形成三幅式路面，机动车道宽8~10米，非机动车道宽4米，人行道宽3米。20世纪80年代天坛南门路修成沥青路面。

宣武区范围内南北向支路共计25条。它们是珠宝市街、粮食店街、先农坛街、煤市街、留学路、东经路、陕西巷、万明路、西经路、粉房琉璃街、黑窑厂街、南柳巷、育新街、菜市口胡同（丞相胡同）、官菜园上街、自新路、教子胡同、下斜街、白广路、菜园街、南菜园街、广义街、西便门内大街、北线阁、南线阁，共计长16.95公里，路面面积9.86万平方米。万明路因万明寺而得名，1915年形成道路。1929年拆先农坛西墙，形成东经路；

20世纪40年代，东经路、西经路在规划改造天桥地区时，予以命名。1953年至1954年，北京市养路工程事务所将教子胡同、万明路、白广路、自新路修成沥青表面处理路面。1961年白广路加铺沥青混凝土路面。1964年南线阁路做沥青表面处理。1965年下斜街、南柳巷做沥青表面处理。1967年官菜园上街、黑窑厂街、粉房琉璃街做沥青表面处理。60年代修成沥青路的还有东经路、西经路。1971年北线阁修成沥青混凝土路面。1972年宣武区养路队将白广路两侧人行道修成3~5米宽的沥青石屑面层。1973年至1977年先后将先农坛街、煤市街、陕西巷、育新北路、菜市口胡同、留学路修成沥青混凝土路面。1982年至1984年先后将珠宝市街、菜园街、南菜园街、广义街、西便门内大街加铺沥青混凝土面层。1984年在白广路白纸坊至枣林前街段加铺沥青碎石面层。

西城区范围内的南北向支路共计20条。它们是二龙路、闹市口北街、闹市口中街、闹市口南街、西黄城根南街、西黄城根北街、爱民街、福绥境街、前海西街、柳荫街、龙头井街、南草厂街、西直门南小街、旧鼓楼大街、西教场胡同、东光胡同、西章胡同、桦皮厂胡同、人民大会堂西路、西便门环路支线，全长12.13公里，路面面积10.2万平方米。西黄城根南街、西黄城根北街原是皇城外土路，光绪三十三年（1907）修成砾石路面。1912年旧鼓楼大街由京都市政公所修4米宽焦炸路。1939年黄城根北街修成砾石路面。1950年在旧鼓楼大街北头开城墙豁口，护城河上架设一木桥，修成5~6米宽砾石路面，使旧鼓楼大街可直通城外。1953年8月至10月，北京市建设局养工所将西黄城根北街、西四东大街以南180米段修成12米宽沥青碎石路面，两侧砌水泥偏沟道牙；1956年5月至6月，北京市道路工程公司修西四东大街以北沥青混凝土路面。1959年建设人民大会堂时修人民大会堂西路，南北段宽28米，东西段宽20米，两侧砌水泥砖人行道。1960年旧鼓楼大街做基础加固工程。1962年至1963年二龙路、福绥境街、西直门南小街均修成沥青表面处理路面。1966年至1967年西城区养路队及北京市市政工程管理处将闹市口南街、中街、西黄城根南街修成沥青表面处理面层。1968年5月至6月，北京市第二市政工程公司将西黄城根北街、西四东大街以北展宽成9米宽路面。1976年至1979年东光胡同、南草场街、旧鼓楼大街、西教场胡同、西章胡同、桦皮厂街先后修成沥青路面。1984年闹市口中街由北京市市政工程管理处修成沥青混凝土面层。1985年北京市第四市政工程公司将人民大会堂西路向南延伸至前门西大街，路面展宽至14米，两侧各修2.5~6米宽水泥砖人行道。1987年旧鼓楼大街北端176米长路段展宽至14米，两侧各修1~6米宽人行道。同年，西便门环路支线修沥青路面。

1990年后，随着道路建设、市政工程和城市改造，部分街坊路（胡同）改建成为支路及以上道路；部分支路以胡同为名，主要有东绒线胡同、西绒线胡同、大木仓胡同、宝产胡同、东总布胡同、西总布胡同、红星胡同、东四六条胡同、西章胡同等。2000年，南锣鼓巷改造为旅游观光的特色胡同。部分支路或改建为次干路、主干路，或因拆迁而消失。2001年，菜市口胡同（丞相胡同）、官菜园上街并入菜市口大街，由支路改为主干路。2002年，粉房琉璃街、校场口等支路在拆迁中消失。

南锣鼓巷

北起鼓楼东大街，南至地安门东大街，东与炒豆胡同、板厂胡同、东棉花胡同、北兵马司胡同、秦老胡同、前圆恩寺胡同、后圆恩寺胡同、菊儿胡同相通，西与福祥胡同、蓑衣胡同、雨儿胡同、帽儿胡同、景阳胡同、沙井胡同、黑芝麻胡同、前鼓楼苑胡同相通。全长786米，宽8米，沥青路面。

南锣鼓巷

南锣鼓巷，明代属昭回靖恭坊，称锣锅巷。清代属镶黄旗，称南锣鼓巷。南锣鼓巷之名，一说此地多为锣鼓商，又地处北锣鼓巷之南而得名；另一说是有一驼背人居巷内，故名罗锅巷，后音转为锣鼓巷。民国后沿称。据《天咫偶闻》载：洪承畴（明崇祯时曾任蓟辽总督，兵败降清）府第在南锣鼓巷路西，即现在的59号。

2000年，南锣鼓巷改造为旅游观光的胡同。

北锣鼓巷

南起鼓楼东大街，与南锣鼓巷相连，北至安定门西大街；沿线与9条胡同相交。全长878米，路面面积2998平方米。

该路在元代至正年间（1341—1368年）形成土路，为金台坊和灵椿坊之分界街，清代属镶黄旗，称北锣鼓巷。

1964年5月至6月，北京市市政工程管理处将鼓楼东大街以北至纱络胡同段长597米土路修成三层式沥青表面处理面层，10厘米简易石灰土基层，路宽3~4米，路面面积12414平方米。两侧四丁砖平路缘石，土路肩各宽1~2米。1966年3月至4月，东城区养路队将纱络胡同至安定门内西城根段长276.5米土路，修成与南段同结构，3~4米宽，路面面积1084平方米。1967年拆除城墙后，修建地下铁道二期工程，于1981年至1982年由解放军某部负责修建北二环路，与北锣鼓巷路面连通。1986年4月至5月，由北京市市政工程管理处进行翻建，1990年将两侧素土人行道修筑成水泥方砖面层人行道，10厘米石灰土基层，路面面积2235平方米。该路为单幅式路面，宽3~5米，为5厘米沥青混凝土或沥青表面处理，2厘米碎石联结层，10厘米石灰土或15厘米石灰粉煤灰砂砾基层。绝大部分为管道排水，个别地段为路面排水。

东花市斜街

西北起东花市大街，东南至白桥大街。全长683米，路宽为7米，两侧人行道宽度不等，最宽为4米，人行道不足4米宽的，满铺至建筑物。路面为沥青混凝土面层，人行道为沥青石屑面层。

夕照寺街

北起夕照寺铁路桥，南至龙潭公园北门，全长1374米，均宽14米。路面为碎石灌沥青，碎石嵌丁，混凝土立道牙，两侧各3米宽沥青石屑便道。此路为1957年新建，因原有古刹夕照寺而得名。道路结构为白灰土基础级配沙石面层，宽7米。1965年改建为宽8米3层式表面处理面层。1987年，将北端铁道单孔立交桥扩建为3孔，桥下改建为三幅式道路，改善了这一地区的交通状况。

白广路

北起广安门内大街,中与枣林前街相交,南至白纸坊西街。全长1245米,路面面积11340平方米。曾称崇效寺街。

1954年8月至9月,由北京市建设局养路工程事务所辟修,修筑级配砾石路并做沥青表面处理。1961年3月至7月,北京市市政工程管理处加铺5厘米沥青混凝土面层。1972年3月至4月宣武区养路队修沥青石屑人行道。1984年8月北京市市政工程管理处将白纸坊西街至枣林前街段加铺6厘米黑色碎石面层。

该路为单幅式,宽9米,两侧人行道各宽3.5~5米。路面结构:5厘米厚沥青混凝土或6厘米厚黑色碎石面层,2.5厘米厚沥青表面处理,8厘米厚级配砾石路面。两侧人行道结构:2.5厘米厚沥青石屑面层,10厘米厚石灰土基础。路面外缘砌筑水泥混凝土立缘石。全线为管道排水。

沿线主要单位有水利部、冶金部钢铁设计研究院、民政部民政干部管理学院等。

菜园街、南菜园街

北起枣林前街,南至白纸坊西街,长602米,宽22.5米,面积1.36万平方米。

从白纸坊西街向南至菜户营桥为南菜园街,长950米,宽35米,面积3.33万平方米。路面为无机混合料、中石、石屑沥青。

明嘉蔬署设在南菜园街,为官方菜地;清中后期多为官营、私人菜园,故此街巷以菜园命名。1953年、1958年,两次修建该街下水道;1985年,将原路西侧拓宽3米,铺黑色石屑路,立水泥道牙,并在路侧广植雪松、玉兰。1986年,在街侧装铺了全市第一条彩色水泥异形砖人行步道,每侧宽4米。

西便门内大街

北起西便门东街西口,南至核桃园东街西口,长885米,宽8米,面积7080平方米,为沥青路面。

明嘉靖三十二年(1553年),修建外罗城筑西便门城门后,即形成街状,但未命名;清代曾将南段称为太平街,后改称西便门南大道,北段为西便门大街;1965年整顿街巷时,定名为西便门内大街。

北线阁街、南线阁街

北线阁街北起核桃园东街西口,与西便门内大街相接,南至广安门内大街,长240米,宽8米,面积1920平方米。辽、金时称燕角,明、清初称北燕角,清乾隆时更名为北县阁,民国时期称北线阁,1965年定名为北线阁街。1949年前,街为凹形大车道,下雨兼作摊水道;1950年修成沥青路面;1976年3月修建下水道,长468米。

南线阁街北起广安门内大街，南至枣林前街，长661米，宽5.5米，面积3635.5米。辽、金时称燕角，明、清时期称南燕角，民国时期称南线阁，1965年定名为南线阁街。该街原为土路，1956年10月修成砾料稳定路。

西黄城根南街

南起灵境胡同，北至西安门大街。全长960米，均宽10米。因位于皇城西墙外侧，故明代称皇城墙西大街，清代称皇城西城根，亦称皇城根。又因地处西安门之南，故亦称南皇城根，俗称西皇城根。1911年后，皇城拆除，并改"皇"为"黄"。1965年定名西黄城根街。1981年将冒堂门（又名穿堂门）胡同（因系礼王府到皇城的过道而得名）并入。9号为清礼王府，是北京市文物保护单位。

西黄城根北街

北起地安门西大街，南至西安门大街，路长1111米。系1925年至1926年拆除皇城后形成的。因皇城城墙拆除，遂改"皇"为"黄"，称西黄城根。因该段为黄城根北段故习称北黄城根。1965年更名为西黄城根北街。1955年8月至10月修建车行道宽12米，简易沥青碎石路面。1956年4月又在原路基上加铺5厘米厚沥青混合料作垫层，其上再加铺3厘米厚细粒式沥青混凝土面层。面积1.38万平方米。西黄城根北街南段，即南起西安门大街往北190米长至西四东大街路段为朝阳门至阜成门道路必经之路。

旧鼓楼大街

南起鼓楼西大街，北至德胜门东大街，与旧鼓楼外大街相连。全长945米，路面面积7411平方米。清乾隆年间称药王庙街。清宣统至民国时期，称北段为北药王庙，南段称旧鼓楼大街。1965年统称今名。该路原为土路，1921年11月由京都市政公所修成焦砟路面，宽4米。

中华人民共和国成立后，1950年开城墙豁口，在护城河上修木桥，使此路与城外连通，并修成5~6米宽的砾石路面。1953年北京市养路工程事务所做沥青表面处理。1960年做道路加固，基础为级配砂石，面层为乳化沥青碎石。1978年北京市市政工程管理处做改善工程，将路面展宽至7~7.5米，级配砂石基础，沥青碎石面层。1987年北端长175米段展宽至14米，两侧砌水泥立缘石，并做水泥砖人行道。

该路为单幅式路面，除北端车行道宽14米外，大部分路面宽为7米。东侧人行道宽1~3.5米，西侧人行道宽1~6米。南端东西两侧共有挡土墙248米。车行道面层为5厘米沥青混凝土，联结层为5厘米碎石，基层为25厘米级配砂石。人行道面层为水泥小方砖，面积为1045平方米。全线均为管道排水。

东西向支路

至 1990 年,二环路内联结次干路的东西向支路共计约 89 条,长 53.9 公里,路面面积 38.21 万平方米。其中最长的路是永定门东街,长 1826 米;最短的路是东黄城根北街横胡同,长 104 米。其中水泥路面长 0.98 公里,路面面积 1.07 万平方米;沥青路面长 52.92 公里,路面面积 37.14 万平方米。全部为单幅式路面。

东城区范围内的东西向支路主要有 30 条。它们是:东阙门街、沙滩后街、霞公府街、东黄城根南街、东黄城根北街、东单三条、帅府胡同、灯市口西街、灯市口大街、骑河楼街、大佛寺东街、钱粮胡同、亮果厂胡同、隆福寺街、帽儿胡同、北兵马司胡同、东四六条、车辇店胡同、北新桥三条、西总布胡同、东总布胡同、红星胡同、内务部街、礼士胡同、台基厂头条、台基厂二条、台基厂三条、东交民巷、国子监街、新大路。全长约 16 公里,路面面积约 10 万平方米。明代形成国子监街、总布胡同等街道。国子监街内有孔庙及国子监。现在街两端仍有"成贤街"牌楼及"国子监"的匾额,此街已有 700 年的历史。

清光绪三十一年(1905)总布胡同修成碎石路面。1911 年霞公府街修成碎石路面。1929 年打通东、西阙门,百姓可从东华门穿过东、西阙门直达西华门。20 世纪 40 年代灯市口大街、东交民巷修成沥青路面。

1951年霞公府街、国子监街、灯市口西街、骑河楼街、亮果厂街、内务部街先后修成沥青路面。1958年东交民巷两侧各修3~5米宽水泥砖人行道。1958年至1960年，大佛寺东街、沙滩后街、北新桥三条、钱粮胡同、兵马司胡同、台基厂头条、台基厂三条均修成沥青路面。1963年帽儿胡同、车辇店胡同修成沥青路面。1965年灯市口大街两侧修水泥砖人行道。1972年礼士胡同、东四六条修成沥青路面。1975年台基厂二条修成沥青路面。1976年东交民巷加固基础，加铺沥青混凝土面层，翻修人行道。1977年东交民巷西端修成台阶式路口，不再能通行各种车辆。1978年至1981年东黄城根南街、东黄城根北街修成沥青路面。1985年灯市口大街全线加固，路面展宽至14米，两侧重修水泥砖人行道。1987年西总布胡同加铺沥青混凝土面层及两侧水泥砖人行道。

崇文区范围内东西向支路主要有5条。它们是前三门小区街、西花市大街、东花市大街、天坛西门路、永定门东街。全长约5公里，路面面积约5万平方米。1952年西花市大街修成沥青表面处理路面。1965年修西花市大街两侧人行道，同年修东花市大街沥青路面。1974年修永定门东街沥青路面。1979年修永定门东街人行道。1981年新辟前三门小区街。1983年修天坛东街沥青路。

宣武区范围内的东西向支路主要有26条。它们是前门西河沿街、廊房头条、杨梅竹斜街、大栅栏街、大栅栏西街、铁树斜街、五道街、永安路、南纬路、先农坛前街、永定门西街、宣武门东河沿、琉璃厂东街、琉璃厂西街、上斜街、槐柏树街、核桃园东街、长椿里、三庙街、西草厂街、校场口胡同、老城根街、里仁东街、里仁街、右安门城根、前门小区路等。长约 16 公里，路面面积约 9 万平方米。

民国四年（1915），由大栅栏街的商家集资，在大栅栏街修建北京市第一条沥青路面。永安路地区原是先农坛以北的一片洼地和排水沟，1915 年排水沟改成暗沟，形成土路。右安门城根原是城墙与护城河之间的小路，1949 年城墙被拆除形成土路。1953 年北京市建设局道工处在永定门西街修 7 米宽卵石路面，同年五道街、铁树斜街、先农坛前街也形成低级路面。1957 年南纬路、北纬路由北京市养路工程事务所修成沥青路面。1958 年北京市第二道路工程公司在永定门西街修 11 米宽水泥混凝土路面。1959 年里仁街修成沥青路。1965 年至 1966 年，校场口胡同、长椿里、三庙街修成沥青表面处理路面。1970 年永定河引水管理处将右安门城根东段修成沥青路面。1973 年至 1975 年，前门西河沿街、槐柏树街、大栅栏西街、老城根街修成沥青路面。1979 年，宣武区养路队将南纬路加宽至 9 米，两侧修 6~7 米宽人行道。1980 年永定门西街向南侧展宽 10 米修沥青混凝土路面，北侧原 11 米宽水泥混凝土路面仍保留，使路面总宽达 21 米。1980 年至 1984 年，上斜街、琉璃厂东街、琉璃厂西街、杨梅竹斜街、核桃园东街、廊房头条、里仁东街、西草厂街、宣武门东河沿均修成沥青路面，并于 1981 年新辟前三门小区街。1988 年为了配合大观园的修建，北京市第四市政工程公司将右安门城根路面展宽至 14 米，两侧各修 1~2 米宽人行道。1989 年北京市市政工程管理处将永定门西街修成三幅式路，机动车道宽 21 米，非机动车道各宽 4 米，人行道宽 5 米。

西城区范围内东西向支路主要有 28 条。它们是西阙门街、西华门街、太仆寺街、灵境胡同、大红罗厂街、定阜大街、护国寺街、新街口东街、羊房胡同、鼓楼西大街、皮库胡同、二龙路东巷、东槐里胡同、大木仓胡同、西四北三条、西四北八条、宝产胡同、新街口大四条、屯绢胡同、育教胡同、安平巷、大觉胡同、西直门南便线、东绒线胡同、西绒线胡同、新文化街、鲍家街、西交民巷。全长约 15 公里，路面面积 12.5 万平方米。

元、明、清三代，护国寺街一直是土路。明宣宗女儿顺德公主下嫁石府，石府所在的街被称为石驸马大街，1965 年改称新文化街。明代灵境胡同称宣城伯街，又称灵济宫，因有宣城伯府第及灵济宫而得名，后改称灵境胡同。明永乐年间，定国公徐增寿宅第所在地叫定府大街，1912 年改称定阜大街。明、清时，西华门街是故宫西华门通往中南海西苑门的御路，铺有石板道。大红罗厂街因宫中用炭均用红色箩筐包装，此街内有装木炭的红箩厂而得名。清光绪三十二年（1906）护国寺街、定阜大街修成 5.4 米宽的碎石路面。光绪三十三年（1907）西交民巷修成 9.7 米宽的碎石路面。清宣统元年（1909）石驸马大街东段修成 6 米宽的碎石路面。宣统二年（1910）鼓楼西大街修成 7.6 米宽的碎石路面。定阜大街、石驸马大街西段、东绒线胡同先后修成碎石路面。1919 年西阙门街由京都市政公所修成 5 米宽的碎石路面。1929

年东阙门、西阙门打通，并修成沥青路面。1932年鼓楼西大街、护国寺街修成碎石路面。1933年西交民巷路面两侧修石路缘石及人行道。1936年灵境胡同修成碎石路面。

　　1950年至1954年间，定阜大街、护国寺街、灵境胡同、新文化街、西华门街、鼓楼西大街、东绒线胡同均修成沥青表面处理或沥青混凝土路面。同时西阙门街展宽至6~8米。1958年西交民巷、大木仓胡同、宝产胡同、西绒线胡同、新街口东街、新街口大四条、新文化街均修成沥青路面。1962年至1965年，二龙路东巷、柳荫街、前海西街、大红罗厂街、西四北八条、皮库胡同、屯绢胡同、爱民街、安平巷、羊房胡同先后修成沥青路面。同时，西交民巷修水泥立路缘石及水泥砖人行道。1972年大觉胡同、育教胡同修成沥青路面。同年西阙门街由北京市市政工程管理处将路面展宽至7~9米，两侧修水泥立路缘石及水泥砖人行道。1973年北京市第四市政工程公司将大红罗厂东段修筑成12米宽沥青混凝土路面，两侧各修2.5~5米宽人行道。1974年修西直门南便线沥青路面。1978年至1981年，东绒线胡同、西绒线胡同由北京市市政工程管理处将路面展宽至7.7~9米，两侧各修人行道1~3米，同时鼓楼西大街修沥青石屑人行道。1983年至1984年，护国寺街、定阜大街修两侧人行道，西阙门街在筒子河边修2米宽人行道、砌台阶及挡土墙，西交民巷路面展宽至8~12米、两侧各修5.5米宽的水泥砖人行道。1986年至1987年，新文化街西段加铺沥青混凝土面层。灵境胡同东段展宽路面砌水泥路缘石。1990年鼓楼西大街全线修雨污水管道后，全线展宽、加固成 12 米宽新路，两侧人行道宽 1~6.5 米。

永定门东街

位于永定门内大街以东，南护城河北岸，天坛公园南侧，东接玉蜓桥。全长 1886 米，路宽 14 米，两侧铺装方砖步道。过去此地为永定门东侧城墙，地处荒僻。20 世纪 70 年代初，天坛南里小区建成。1974 年 3 月永定门东街道路竣工。

东交民巷

西起天安门广场东侧路，中与正义路、台基厂大街、大华路相交，东至崇文门内大街。长 1718 米，路面面积 16269 平方米。

东交民巷明代属南熏坊，万历年间以前已成为南方糯米（江米）北运至京的集散地，故称为江米巷，又称东江米巷。清代

民国时期的东交民巷入口

属正蓝旗，光绪年间称东江米巷；1901年后因此处设有使馆区，清宣统年间称东交民巷，后沿称。20世纪20年代京都市政公所施工，修建了沥青路面。1946年补修沥青路面。

中华人民共和国成立后为便利交通于1954年拆除西口的牌楼。1957年6月，北京市道路工程局养路工程事务所在原旧路上修筑沥青表面处理路面10405平方米。1958年修筑水泥小方砖人行道440平方米。1967年因电车改线，将东口内78米路段向南展宽3.5米，形成12米宽路面。1976年5月至7月，北京市市政工程管理处又将东口展宽到16.5米，并将全线加固成沥青混凝土面层，路面面积共计13659平方米；翻修人行道9108平方米，砌筑方树池。1977年配合修建毛主席纪念堂，扩建天安门广场东侧路，将东交民巷西口截短125米，并修建成台阶道口（此后，只能行人不能行车）；同时将北端原东公安街南头仅剩的120米段，整个加固成8米宽沥青混凝土路面，合并到本路内作为支线，与新大路相交并连通。1984年6月至7月新大路施工时，又将该支线加铺沥青混凝土面层，增建了人行道。

该路为单幅式路面，路面宽度7~10米，东端约16米。人行道宽度为南北两侧各3~5米（支线2.5~3.7米）。车行道结构：5厘米厚沥青混凝土面层，7厘米厚沥青碎石联结层，7厘米厚碎石基层。人行道结构：5厘米厚水泥小方砖面层，2厘米厚石灰砂浆，15厘米厚石灰土基层。路面两侧为水泥混凝土立路缘石。支线结构：18厘米厚沥青混凝土面层，10厘米厚碎石联结层，20厘米厚块石基层。人行道面层为水泥小方砖，面积9389平方米（包括支线面积 575 平方米）。该路路拱为抛物线型，两侧水泥立路缘石，人行道内设方树池。道路西头与广场东侧路相交处为下台阶，落脚于广场东侧路东侧人行道挡土墙处，高差约 2 米。全路为管道排水。沿线单位有最高人民法院、红都商务会馆、新侨饭店等。

国子监街

东起雍和宫大街，西至安定门内大街，南侧有公益巷，北侧从东至西依次为官书院胡同、箭厂胡同、大格巷。全长 680 米，宽 12 米，车行道宽 6 米。沥青路面。

国子监街，元代时已形成，有元之太学。明代属崇教坊，有

国子监街

国子监、文庙。清代属镶黄旗，称国子监。民国后沿称。1965年整顿地名时改称国子监街。现街北侧有全国重点文物保护单位孔庙和国子监。孔庙是元、明、清三代祭祀孔子的地方，建于元大德七年（1303年），1988年被定为全国重点文物保护单位。国子监在孔庙西侧，建于元大德十年（1306年），是元、明、清三代的太学旧址，1961年被定为全国重点文物保护单位。国子监街保留有4座牌坊和下马碑，碑文是用汉、满、蒙古、回、托忒、藏6种文字镌刻的"官员人等至此下马"。该街1984年被定为北京市文物保护单位。

西花市大街、东花市大街

西起崇文门外大街，东至白桥大街，全长1713米，路面宽8~9米不等。路面为碎砾石沥青表面处理或沥青石屑面层。人行道为沥青石屑或水泥混凝土九格方砖面层。东花市大街、西花市大街经明、清、民国，至今已有400多年历史，自清代形成花市集起，也有250多年，现仍为重要的商业大街之一。

永定门西街

原为先农坛南墙与城墙间的通道，称永定门西顺城街。东起永定门内大街，与永定门东街相连，沿线与先农坛街相交，西至太平街，与右安门东城根相接。全长975米，其中，北侧慢行线长907米，路面面积21298平方米。1953年，北京市建设局工程处城区道工所修建了7米宽的卵石路。1958年北京市第二市政工程公司修建了水泥混凝土路面。1980年北京市第一市政工程公司将路面展宽至21米。1989年北京市市政工程管理处修建非机动车道，形成快车道宽21米、慢车道各宽4米、人行道宽5米的格局。路面北半幅宽11米，为水泥混凝土路面、5厘米砂垫层、15厘米砂砾基础；南半幅面层为5厘米沥青碎石面层、10厘米沥青碎石联结层、40厘米砂石基础。慢车道面层为6厘米沥青碎石面层，20厘米石灰、粉灰煤砂砾基础。人行道面层是5厘米九格方砖面层，2厘米石灰砂浆或水泥砂浆卧底，15厘米石灰土或二灰砂砾基层。全线管道排水。

该路南侧沿护城河边有绿化带，北侧主要单位有先农坛体育场、北京教育学院等。

新文化街

东起宣武门内大街，与西绒线胡同相接，中与佟麟阁路相交，西至笔管胡同。全长1128米，路面面积7550平方米。东段曾称石驸马大街，因明宣宗女儿顺德公主下嫁石府后居住在此处而得名；西段曾称保家街、鲍家街。1965年定今名。

该路原为土路，清宣统元年（1909）2月东段修碎石路面，宽6米。1914年9月西段修碎石路面，宽5.5米。1929年及1935年两次翻修碎石路面。1952年北京市建设局养路工程事务

新文化街

所将东段展宽至 8 米，做沥青表面处理。1958 年东段修沥青石屑面层，两侧砌水泥立缘石。1972 年北京市市政工程管理处在东段做三层式沥青表面处理。1986 年 9 月在西段修沥青石屑面层。该路为单幅式路面。佟麟阁路以东车行道宽 8 米，以西宽 5.5~6.5 米。车行道面层为 3 厘米厚沥青石屑，垫层为 15 厘米厚碎石，基层为 30 厘米厚级配砂石。全线均为管道排水。

二环路外城近郊道路

　　二环路以外的次干路是联系放射线和环路的重要道路，在近郊区道路网中起着十分重要的作用。二环路以外的次干路主要有63条，长约210公里，路面面积257.43万平方米。其中最长的是首都机场路，长16504米；最短的是首都体育馆南路，长713米。二环路以外的支路是联系主干路、次干路的道路，在保障交通和促进城乡交流上都发挥了重要作用。二环路以外的支路主要有234条，总长约465公里，路面面积约410万平方米。其中最长的是大灰厂路，长10925米；最短的是周庄联通线，长75米。

次干路

东城区、朝阳区范围内主要有 22 条道路。它们是：和平里东街、和平里北街、东直门外斜街、东直门外大街、北苑路、樱花园东街、惠新东街、北土城路、大屯路、太阳宫路、首都机场路、东大桥路、工人体育场东路、新东路、金台路、青年路、将台路、平房路、东坝路、西大望路、高碑店路、大羊坊路，共计长 89.06 公里，路面面积 105.22 万平方米。

元代光熙门街即现在的和平里北街，已是一条重要大街；明代，北面城墙南移，光熙门街逐渐荒废。

东直门外大街一直是关厢道路，清代东直门外斜街是东直门通往避暑山庄的道路。1947 年太阳宫路小关至东坝路已是土路，平房路也已形成土路。从 1953 年开始，北京为了加强城乡交流，先后将和平里北街、太阳宫路、大羊坊路、和平里东街、西大望路、东坝路、平房路、大屯路、将台路修成粒料稳定土路面，宽度一般在 5 米左右。1954 年配合酒仙桥工业区建设，东直门外斜街修成 9 米宽沥青碎石路。1956 年和平里北街、和平里东街修成沥青表面处理和沥青混凝土路面。1956 年 1 月至 4 月，北京市养路工程事务所与朝阳区团委组织附近机关干部、工厂青年参加义务劳动，修筑 4 米宽粒料稳定路面，命名为青年路。同年高碑店路、新东路由北京市养路工程事务所修成粒料稳定路面。1957年北京市第一道路工程公司在首都机场路小关至六公坟段修水泥混凝土路面5公里。同年，北京市第一道路工程公司新辟金台路7米宽砾石路面。

1958年，为了解决东直门城门洞交通阻塞问题，在城门洞北30米处新开一豁口，修一条临时便线。同年，北京市第二市政工程公司在工人体育场北路、工人体育场东路修21米宽沥青路面。1959年至1960年大羊坊路、东大桥路、西大望路、将台路分别修成沥青表面处理或沥青混凝土路面。同时，北苑路加固了基础，青年路加宽路面至7米，工人体育场东路修北段东侧水泥砖人行道。1962年至1965年，和平里东街北段展宽至12米，南段展宽至15米。北苑路小关至来广营、太阳宫路、小关至北影制片厂段、大羊坊路、青年路、大屯路、东坝路、新东路先后修成沥青表面处理或沥青混凝土路面。同时，西大望路朝阳路至广渠路间修成三幅式路面，机动车道宽10~12米，两侧慢车道宽5米。

1966年至1968年，太阳宫路、金台路、高碑店路、北苑路来广营至立水桥段，先后修成沥青表面处理路面；北苑路立水桥至铁路立交桥段435米路段修成6米宽粒料稳定土路。东直门外大街修成简易沥青碎石路面。

1970年至1977年，北京市第一市政工程公司将和平里北街和平东路至望和铁路立交桥之间修成8米宽沥青混凝土路。北京市市政工程管理处将大屯路东段至北苑路1258米修成沥青混凝土路面。首都机场路大山子至草场地段加宽至10米。和平北路西段展宽至14米。和平东街在修下水道后，将原12米宽路面当机动车道，两侧修7米宽非机动车道，形成三幅式路。配合地铁二期工程，在东直门外斜街北侧加修一条16米宽沥青混凝土路。东直门外大街从三里屯往西修成三幅式路。东坝路、将台路至大华窑段进行加固，朝阳区养路队将大华窑至东坝段修成沥青石屑面层。1978年至1980年，将台路分段进行道路加固，东坝路铁路至将台路间修6米宽沥青混凝土路面。新东路北段延长至香河园路，建成三幅式路面。机动车道宽21米，非机动车道宽7米。东直门外大街新东路至三环路之间修967米三幅式路面。金台路由北京市市政工程管理处展宽至11~14米，南段改成三幅式路。东直门立交桥建成后，东直门外斜街与之连通。和平北路由东城区养路队修成沥青石屑人行道。大羊坊路进行加固工程。

1982年至1984年，东直门外大街、东中街至春秀路修成三幅式路面。金台路金台商场至二道沟河展宽至11米。朝阳北路至金台商场间改成三幅式路。东直门外斜街展宽至11米作为机动车道，两侧再修宽5~5.5米非机动车道及人行道，形成三幅式路。东大桥路也修成三幅式路，机动车道宽18米，非机动车道宽7米。为配合中日医院的建设，北京市第三市政工程公司新辟樱花园东街，为三幅式路，机动车道宽14米，非机动车道各宽6米。高碑店路修成沥青混凝土路面，宽6米。新东路加铺沥青混凝土面层并加修人行道。从1985年至1990年，樱花园东街的东北城豁口开通，与惠新东街相通。惠新东街由北京市第四市政工程公司修成三幅式路面，机动车道宽 12~16 米，非机动车道各宽 6 米，与四环路接通。和平里北街修非机动车道，成三幅式路。东坝路在大华窑段进行加固。北土城路由北京市第四市政工程公司在河北岸新辟三幅式路，机动车道宽 16 米，非机动车道各宽 6 米。东直门外南后街拆除，东直门外大街修成三幅式路面，机动车道宽 21~23 米，非机动车道宽 7 米，人行道宽 5 米。1990 年，北京市市政工程管理处将东直门立交桥至新东路之间部分土路铺成水泥砖人行道。

崇文区、宣武区、丰台区范围内二环路以外的次干路主要有 4 条。它们是：小红门路、宋家庄路、右安门外大街、右安路，共计长 12.43 公里，路面面积 7.95 万平方米。1953 年北京市养工所修宋家庄路 5 米宽卵石路面。1954 年北京市建设局施工处组织修右安门外大街、右安路 5 米宽粒料稳定路面。1962 年至 1964 年，北京市市政工程管理处在右安门外大街、宋家庄路分别修沥青表面处理或沥青贯入式碎石面层。1970 年在小红门路修 6 米宽沥青石屑面层。1983 年在右安门外大街路两侧加铺沥青混凝土面层，并修水泥砖人行道。1985 年北京市市政工程管理处将右安路展宽至 6~7 米，加铺 5 厘米沥青碎石面层。1986 年小红门街修下水道后，路面展宽至 6~12 米，加铺沥青混凝土面层，两侧修水泥砖人行道。1987 年宋家庄路路面展宽至 7 米，加铺沥青混凝土面层。

石景山区范围内二环路以外的次干路主要有 3 条。它们是：杨庄大街、古城大街、北辛安路，共计长 4.45 公里，路面面积 7.04

万平方米。1950年,北辛安路修成渣油沥青表面处理路面,宽6米。1966年加铺3厘米沥青石屑面层。1966年古城大街修成沥青路面,因地铁一期施工,路面损坏。1969年,地铁竣工后,修成三幅式路面,机动车道宽12米,两侧非机动车道各宽5米,人行道各宽6米。杨庄大街原是一条土路,1969年修筑6~8米宽的沥青表面处理路面。1973年北辛安路展宽至9米,面层修成沥青混凝土路面。北辛安路和平街西至古城西路之间1100米段,是首钢重型车辆来往各分厂的必经之路,原路基础薄弱,路面损坏严重,1978年翻修,加固基础,加铺沥青混凝土面层。1980年杨庄大街展宽至12米,加铺沥青混凝土面层,两侧修2~4米宽水泥砖人行道。

西城区、海淀区范围内二环路以外次干路主要有34条。它们是:白云路、三里河东路、展览馆路、百万庄路、新街口外大街、羊坊店路、百万庄西路、三里河路、首都体育馆南路、万寿路、永定路、玉泉路、紫竹院路、板井路、高粱桥路、学院南路、魏公村路、蓝靛厂南路、蓝靛厂北路、昆明湖路、北坞村路、北土城西路、知春路、海淀南路、万泉河路、成府路、清华东路、清华西路、玉泉山路、香山路、香山南路、八大处路、北安河路、军庄路,共计96.63公里,路面面积137.22万平方米。

在清代,高粱桥路、玉泉山路就是皇帝后妃去颐和园、圆明园、玉泉山、香山的必经之路,为宽3米左右的石板道。1929年高粱桥路修成碎石路面。1936年从青龙桥起经玉泉山东门、南墙外、西门向西至香山修3.5米宽卵石路。1939年紫竹院路、板井路、永定路由伪华北建设总署修成6米宽水泥混凝土、沥青混凝土或砾石路。

1949年北京市建设局修玉泉山路，为3.5~5.5米宽沥青路面。1950年修香山路青龙桥至香山（当时叫颐香便线）段砾石路，同年万寿路修成砾石路面。新街口外大街在开城墙豁口以后，护城河架设木桥。

1951年北坞村路修成7米宽水泥混凝土路面。1952年新街口外大街、永定路修7米宽砾石路面。1953年北京市建设局新辟清华东路、成府路、三里河路为6~9米宽砾石路面。1954年，高梁桥路、八大处路、香山南路、玉泉路均新辟4~6米宽砾石路面。清华东路、新街口外大街修成沥青表面处理和沥青贯入碎石路。在苏联展览馆修建的同时，修展览馆路（百万庄路以北路宽15米，百万庄以南修7米宽），为沥青混凝土路面。1955年新辟百万庄大街、学院南路、魏公村路为砾石路。同年香山路、八大处路修筑成沥青表面处理、沥青碎石和沥青混凝土路面。1956年将永定路、北安河路修成砾石路，紫竹院路修成沥青混凝土路，香山南路修成水泥混凝土路面。1957年成府路由北京市第一道路工程公司在京包铁路至清华南路之间修7米宽水泥混凝土路面。百万庄路由北京市养路工程事务所在展览馆路与三里河路之间修多蜡沥青试验路。三里河路由北京市第一道路工程公司修成三幅式路面，这是北京市第一条三幅式路面，机动车道宽14米，非机动车道各宽6米。1959年清华东路由北京市第一市政工程公司修成7米宽水泥混凝土路。高梁桥路由北京市养工所做沥青表面处理。板井路、玉泉路南段加铺沥青混凝土面层。

1960年,学院南路由北京市第一市政工程公司修成9米宽砾石路面。展览馆路百万庄路以南路段展宽至9~10米,加铺沥青面层。1961年,高梁桥路关厢段加铺沥青混凝土面层。成府路中关园至海淀路段550米,修筑7米宽沥青混凝土路面。八大处路南段的香山南路至黄村段修沥青表面处理和沥青混凝土路面。百万庄大街展览馆路至三里河路路段加铺沥青混凝土面层。1963年,永定路、学院南路、魏公村路加铺沥青混凝土面层或做沥青表面处理。八大处路由西下庄至四平台段修7米宽水泥混凝土路面。1964年,板井路加铺3厘米沥青石屑磨耗层。昆明湖路原为土路,1965年修成6.5米宽砾石路。香山路原从青龙桥镇穿过,1965年由北京市第一市政工程公司做改线工程,使道路从北宫门向北,经安河桥,通过红山口,与旧路在青龙桥北岔北口相接,改线后道路绕过青龙桥镇狭窄的街道。1966年,万寿路的阜成路至罗道庄段修成6米宽简易沥青碎石路面。军庄路原为山区河滩及山坡路,寨口以北属海淀区,寨口以南属门头沟区,1966年由北京市第二市政工程公司修成5~6米宽碎石路。百万庄西路(现称增光路)由北京市市政工程管理处将三里河路至钢丝厂段修成宽8米、厚4厘米沥青混凝土路面;西段修筑宽5米、厚3厘米沥青石屑路面。蓝靛厂南路在京密引水工程竣工后,1966年10月至12月由北京市第三市政工程公司在阜成路至板井路之间修试验路。试验路基础有石灰土、砂石、矿渣,面层有沥青碎石、黑色石屑,按不同的搭配分成13个试验段。蓝靛厂北路由北京市第一市政工程公司做砂石基础，沥青表面处理，路面宽5~6米。1967年，北安河路在砾石路的基础上做沥青表面处理面层。白云路、三里河东路原来是铁路路基，1970年铁轨拆除后修成碎石路。同年，八大处路西下庄至黄村段、昆明湖路六郎庄西口至北坞村路、学院南路、玉泉路、北安河路北段、羊坊店路，均修筑渣油表面处理、沥青石屑、沥青混凝土等黑色面层。万寿路的复兴路至罗道庄段路面展宽至11~14米，并加固基础。

1972年至1973年，白云路做沥青表面处理，蓝靛厂北路展宽至7米，加固基础，加铺沥青混凝土面层。玉泉路加铺沥青混凝土面层。1976年至1979年，三里河路修南段东侧432米长的辅路。阜成门外大街以北非机动车道由4米展宽至6米，并修两侧4~7米宽水泥砖人行道。新街口外大街由一幅式路面改成三幅式路面，机动车道宽21米，非机动车道宽7米，人行道宽4米。三里河东路在修下水道后将路面展宽至9米。

1980年，首都体育馆南路由北京市第二市政工程公司在原路的西侧，按规划修宽21米机动车道，原路作为东侧人行道保留下来，宽6~8米，西侧人行道宽3米。百万庄大街将展览馆路以东路面展宽至15米，两侧新建5.5米宽水泥砖人行道。与北京市市政工程研究所配合做试验路，将东方红炼油厂60号沥青、胜利油田100号沥青分段做不同配料试验，取得一定成效。同年，北京市市政工程管理处与海淀区养路队共同改建展览馆路北段，修成三幅式路面，机动车道宽15米，非机动车道各宽5~6米，人行道各宽5米。1981年，三里河路阜成门外大街至月坛南街段，东侧非机动车道展宽至 6 米，并修彩色水泥砖人行道。北京市第二市政工程公司将学院南路土城以东修成三幅式路面：机动车道宽 15 米，非机动车道各宽 5 米，人行道各宽 3 米。清华西路展宽至 6 米，加铺沥青混凝土面层。1983 年北京市市政工程管理处将清华东路两侧各展宽 2 米，加铺沥青路面（中间是水泥路面），北京市第二市政工程公司将学院南路土城以西修成三幅式路面，宽度与东段相同。北京市第二市政工程公司将紫竹院路东段 930 米修成三幅式路面，机动车道宽 23 米，非机动车道宽 7 米，人行道各宽 4~4.5 米。北京市市政工程管理处在展览馆路百万庄与车公庄间做玻璃布与橡胶沥青防止沥青路裂缝的试验。白云路展宽至 12~15 米，加铺沥青混凝土面层，两侧修人行道。1984 年，三里河东路修 2~3 米宽人行道。百万庄西路西段长 526 米、宽 15 米路段由北京市第二市政工程公司修筑。万寿路南段展宽至 14 米，北段在掘路修复后加铺沥青混凝土面层。玉泉路由北京市市政工程管理处将北段展宽至 12~14 米，南段仍保留 5~9 米宽。紫竹院路西段由北京市第二市政工程公司修成三幅式路面，宽度与结构同东段。万泉河路由北京市城建二公司，北京市第一、第三市政工程公司，新辟成单幅式路，车行道宽 23 米，两侧人行道各宽 1 米。1985 年，北京市市政工程管理处将香山南路南段两侧各加宽 1~1.5 米并加铺沥青混凝土面层（中间是 6 米宽的水泥路面）。八大处路南段展宽至 9 米。1986 年，北京市第三市政工程公司在百万庄西路修 15 米宽沥青路面 610 米。海淀南路新辟宽 16 米车行道。北京市第二市政工程公司将板井路展宽至 13

米，南侧砌装配式挡土墙210米，砖石挡土墙、水泥栏杆、护坡共1520米。昆明湖路由北京市市政工程管理处在六郎庄路以北做加固工程。北土城西路由北京市第四市政工程公司新辟三幅式路面，机动车道宽16米，非机动车道各宽6米，人行道各宽5米。1987年清华西路由北京市城建总公司展宽至16米，两侧修人行道。海淀南路修两侧非机动车道各宽6米，水泥砖人行道各宽4~5米。北京市市政工程管理处将香山路北宫门以北200米段修成三幅式路面，机动车道宽10米，两侧非机动车道各宽2.7米，人行道各宽1~2米。1988年成府路京包铁路至清华南路段展宽至24米，中关园至海淀路之间修成两幅式路面，两车道各宽11~12米。永定路北段加宽至12米，南段仍保留7米宽，全线加铺沥青混凝土面层。1989年蓝靛厂北路展宽至10.5米，长河桥、长春桥两桥头展宽至15~20米。蓝靛厂南路展宽至10.5~16米，全线加固路面。高梁桥路在修建各种管道后，路面全部被掘动，由北京市第三市政工程公司将路面展宽至14米，公共汽车站再加宽5.5米；高梁桥桥北两侧修人行道，各宽2米。北京市城建二公司新辟知春路，为三幅式路面，机动车道宽16米，非机动车道各宽5米，人行道各宽5米。1990年百万庄西路与三环路接通。北坞村路两侧各加宽1米沥青路面，中间是7米宽水泥路面。

北苑路

北起立水桥，南至北土城东路，与安定路相接。长7.68公里，宽7~8米。为市级公路。原为土路，是清代出安定门至小汤山，经怀柔、古北口达热河的御道。曾名京古路。日伪时期分路段筑成水泥路面，20世纪50年代铺设沥青路面。北小河以南为暗沟排水，以北为明沟排水。行道树为杨树、柳树，北部树木高大。与清河东路、五环北路、来广营西路、大屯路、北四环东路相交，跨越北小河。

太阳宫路

东起太阳宫中路，西至太阳宫北街。长3公里，宽7米，为市级公路。原为西至小关土路。20世纪50年代修成石屑路，1970年铺沥青路面。现铁路以西至小关路段取消。两侧修有明沟、暗沟排水，行道树为杨树、柳树。

首都机场路

东起首都机场，西南至三元桥接东直门外斜街，为市级公路。1957年修建首都机场时筑成。原名东直路，1977年定今名。长16.5公里，宽9~12米，水泥、沥青路面，双向混行。两侧修明沟排水，电杆上安装单臂式路灯，两旁30~50米宽绿化带植杨树、柳树、松树及灌木，行道树为国槐和杨树。跨坝河、北小河、温榆河，穿京包铁路架空桥。

青年路

北起姚家园路，与原将台路南段相接，南至朝阳路。长 3.6 公里，宽 7 米，沥青路面，无分道标志车辆混行，为市级公路。1959 年 10 月，朝阳区团区委组织团员、青年义务修建。为表彰青年们的劳动成果，定此路名。跨亮马河灌渠和平房干渠，与姚家园路相交。两侧修明沟排水，行道树为杨树、柳树、国槐等。沟旁植紫穗槐及荆条等灌木。

东坝路

东起东坝，接楼梓庄路，西南至姚家园路。长 6 公里，宽 6 米，为市级公路。原为土路，1955 年修成石屑路，1973 年铺沥青路面。1988 年再建。两侧修明沟排水，行道树为杨树。跨坝河、平房干渠，穿京包铁路。中部与原将台路南段、青年路、平房路、七棵树路相交。

和平里东街

北起北三环东路，南至安定门东大街，全长 1399 米、宽 47 米，车行道 30 米。原称和平东路，是一条土路。1957 年改建为三幅路形式，铺筑沥青混凝土路面，改称和平里东街。

和平里北街

西起安定门外大街，中与兴化路、和平里西街、和平里东街，东至望（京）和（平里）铁路桥下。长2150米，路面面积31829平方米。该路在元代为光熙门内一条大道，称光熙门街。明代北城墙南移，此路逐渐成为乡村土道。中华人民共和国成立后，1953年修建化工局路。1954年北京市建设局工程处根据统建住宅区发展的需要，由安定门外大街至和平东路修建碎石路，宽9米，两侧是土路肩，边沟排水。1955年6月至7月，养路工程事务所将西段做沥青表面处理路面。1966年为适应和平里地区二期统建工程，将和平东路往东段修建375米长沥青路。1970年由市第一市政工程公司将和平东路至望和铁路桥之间的路段修筑成8米宽沥青混凝土路面。1973年9月至12月，北京市市政工程管理处将路面展宽至14米。1979年10月至11月，东城区养路队将两侧土路肩修建沥青石屑人行道。1987年9月至1988年4月，北京市市政工程管理处将东段修成三幅路面：机动车道宽14米，非机动车道宽6米，两侧人行道各宽4米。1989年9月至1990年7月，北京市第一市政工程公司在修安定门外大街时，将此路西口100米范围内展宽至25米。西段为单幅式路面，宽14米，西口宽25米；东段为两幅式路面，机动车道宽8米，北侧非机动车道宽6米，人行道宽4米。全线均为管道排水。

东直门外大街与斜街

1950年，修筑东直门洞内外的道路，长900米、宽12米，铺筑沥青混凝土路面。1953年，新辟从东直门通往酒仙桥的道路，宽7米，砾石路面。1955年改建，命名为东直门外斜街，长916米、宽9米，铺筑沥青碎石路面。1979年，改造东直门外斜街，拓宽至28米，车行道12米，铺筑混凝土路面。1986年，新辟东直门外大街（原东直门外大街改称东直门外小街），西起东直门，东至东三环路。为三幅路形式，中间快车道宽23米，两侧慢车道各宽5米，快慢车道间隔离带宽5米，两侧各建人行步道宽3米，铺筑混凝土路面。

新街口外大街

南起德胜门西大街，与新街口北大街相接，中与冰窖口胡同、新德街、学院南路相交，北至北三环中路。全长2144米，面积62139平方米。该路原为农田，1950年拆城墙，开辟新街口豁口，并修建护城河木桥，1952年修成7米宽的砾石路面。1954年由北京市建设局第一施工所修成简易沥青碎石路面。1965年将路面展宽至11.5米，展宽部分修成沥青碎石路面，北太平庄路并入。1979年9月至1980年12月由单幅式路面改为三幅式路面，机动车道宽21米，快慢分隔带东西各宽2米，非机动车道各宽7米，人行道各宽4米。该路南端为新街口桥，跨越护城河。全线均为管道排水。

展览馆路

北起西直门外大街，南至阜成门外大街，原为旷地。1953年修建北京展览馆（原名苏联展览馆）时辟建此路，路长1680米。1954年6月至9月修筑沥青混凝土路，完成铺路面积2万平方米。1958年进行双层表面处理，罩面1.6万平方米。1960年7月至8月进行南段道路加宽工程，完成工程量1620平方米。1980年9月至1981年4月，修建慢行线和人行步道，修建后，百万庄大街以北为三幅路，快车道宽15米，慢车道宽5.6米；百万庄大街以南路宽9~10米，道路总面积3.42万平方米。1983年10月至11月，对南段（北起车公庄路口，南至百万庄路口）长455米、宽15.3米路段进行加铺工程。

北安河路

南起温泉路与大觉寺路相接处（周家巷村），北至北安河北路，接昌平区境，中与北（安河）清（河）路、七王坟路相交。民国期间为土质大车道，中华人民共和国成立后曾整修加宽，并铺以砂石，呈碎石路面。1968年扩修成沥青路，成为通往市、区和昌平区的主要道路。

北清路

西起北安河路,经北安河、苏家坨、温泉和永丰乡乡域,于小牛坊村东入昌平区境后交于昌平路(时称德清路),全长16.2公里,路宽7米。沿线与京密引水渠、温阳路、上庄路、永丰路、友谊路等路相交,为海淀山后地区重要交通干道。该路是1975年大搞农田基本建设时,以"民办公助"形式,由有关各乡出地、国家出资兴建的。20世纪80年代完成沥青铺筑。

北清路

高粱桥路

南起西直门外大街,北至高粱桥斜街。全长2477米,宽7米。高粱桥南原称北关,高粱桥北原称北下关,1965年将两段合并,因路经高梁桥而命名为高梁桥路。明清之际为北京前往西山园林风景区的主要干道。高梁桥,元代建,因横跨在高梁河上而得名。桥西南有船坞,桥东北建绮红堂,慈禧每年四月初九出宫到颐和园避暑,在绮红堂小憩后由此登舟。今船坞、绮红堂已废,桥仍存,1982修葺一新。

高梁桥遗址

支 路

二环路以外东城区、朝阳区支路主要有75条,长136.15公里,路面面积112.84万平方米。

明嘉靖九年(1530)建日坛后,皇帝去日坛祭祀大明神,必经神路街,当时为御路,路口有牌坊。清代,朝外市场路称景升东街。1947年，清河东路、南湖渠路、白家庄路、小关路等均是弯弯曲曲的马车道。

1953年，北京市建设局将八里庄路、安德路、小关路、管庄路、白家庄路、朝阳公园路等修成4~5米宽砾石路或粒料稳定土路面。1954年，清河东路修成5米宽粒料稳定路面。百子湾路由西大望路向东由北京市建设局工程处修成粒料稳定路面。1955年日坛北路、左家庄路、秀水街、芳草地西街修成粒料稳定路面。安德路由北京市道路公司修成7米宽简易沥青碎石路面。1956年小武基路及来广营西路、来广营北路、来广营东路由养路工程事务所修成粒料稳定土路。日坛北路、建华路修成沥青碎石路面。1957年南湖渠路、光华路修成砾石路，清河东路加固了路基。1958年，日坛东二街、和平里西街修成砾石路面。工体西路、工体南路均修成12米宽沥青混凝土路面，两侧修5~6米宽人行道。1959年安德里北街、神路街修成5米宽粒料稳定路面。日坛路由北京市第一市政工程公司修建，为9米宽沥青碎石路面及两侧人行道。

1960年，神路街、光华路、朝阳北路、金台西路均修成沥青混凝土或沥青表面处理路面。1962年至1963年，双桥路、石门村路、小红门东路新辟粒料稳定土路面，宽5~6米。白家庄路进行沥青表面处理。在三里屯使馆区建设中，分期分段将三里屯路修成9米宽沥青路，两侧修2.5~4.5米宽水泥砖人行道。小关路西段因修建科学城，改线向北移25米，重修300米新路。1964年至1965年，垂杨柳小区路、永安里中街系居民区建设中新辟道路。和平里西街由北京市市政工程管理处加铺沥青混凝土面层。日坛北路由北京市第四市政工程公司修建，为9米宽沥青混凝土路面，两侧修3米宽水泥砖人行道。左家庄路、安德里北街由北京市第二、第四市政工程公司修建，为6~8米宽沥青路。西坝河路加固基础后修砾石路面。1966年八里庄路、团结湖路均修成砾石路面。朝阳市场街由朝阳区养路队修沥青表面处理路面。来广营北路、清河东路、来广营西路均由北京市市政工程管理处修沥青表面处理路面。秀水南街两侧修2米宽水泥砖人行道。1967年至1968年，石门村东路、百子湾路均做沥青表面处理。东苇路由朝阳区养路队修6米宽沥青石屑路面。来广营东路因铁路改线，修成"U"形路。1969年至1970年，清河东路做渣油石屑试验路。南湖渠路做渣油表面处理试验路。东土城路是元大都东城墙遗址，由北京市第一市政工程公司新辟成7米宽沥青混凝土路面，长817米（和平里北街以南段）。

1971年至1972年，周家庄路、西坝河路、东苇路（楼梓庄—机场路）、管庄路（冶金研制厂—民航修配厂）均修成沥青路面。小武基路加固基础。1973年至1974年，朝阳北路（团结湖路—西口）、芳草地西街、南湖渠路、八里庄路、日坛路、日坛东路、日坛东一街、日坛东二街、王四营路修成沥青表面处理或沥青混凝土路面。日坛路、日坛东一街、日坛东二街均在两侧修2~4米宽人行道。1975年至1976年，来广营东路、白家庄路、王四营新线修沥青石屑路面或加固基础。建华路两侧各修5米宽人行道。1977年至1978年，安德里北街、来广营东路（南湖渠—崔各庄）

做基础加固工程,加铺沥青混凝土面层。加铺秀水河路、秀水东街沥青混凝土面层,秀水东街两侧各修3米宽人行道。1979年至1980年,由朝阳区养路队在朝阳北路做加固工程。北京市第三市政工程公司新辟新源路、顺源路,为12~15米宽沥青路。高碑店路、左安路、团结湖路修沥青路面。青年沟路(和平里东街—和平里火车站)修成12米宽沥青路及沥青人行道。和平里西街加宽至7米并铺筑沥青路面,两侧各修2~8米宽人行道。来广营北路由北京市市政工程管理处做加固工程,修6~8米宽沥青混凝土路面,芳草地西街展宽至9米,两侧修3米宽人行道。金台西路路两侧水泥砖人行道各宽5米,由北京市市政工程管理处修筑。

1981年至1983年,大柳树村路、厂坡村路、建华南路、双桥东路北段、安定门东滨河路修成沥青路面;安德路、安德里北街、和平里西街、光华路、雅宝路、神路街等展宽路面并修两侧人行道。安贞路、安华路由北京市第四市政工程公司修成两幅式各7米宽路面。1984年至1985年,小关路、静安西街、王四营联通线修成沥青路面。青年沟路、东土城路、新源路、顺源路、朝阳市场路、光华路、白家庄路展宽路面并修两侧人行道。建国门饭店东侧路、柳芳北路修成三幅式路面:机动车道宽16米,非机动车道宽6米。八里庄路、朝阳公园路展宽加固,并修两侧人行道,左家庄西街由北京市第三市政工程公司修筑基础及沥青碎石联结层。1986年至1988年,安贞路由北京市市政工程管理处修两侧人行道;劲松南路、潘家园东路修成沥青路。1989年至1990年,三台山仓库路修成沥青路,柳芳北街、左家庄西街、秀水北街、安华路加铺沥青混凝土面层。东苇路、来广营西路、南湖渠路做基础加固工程。

二环路以外崇文区、宣武区、丰台区支路主要有66条，长152.28公里，路面面积122.78万平方米。

明代南顶路边建有碧霞元君寺，俗称南顶寺，此时已有土路。明、清时，沙子口路称东南大道，是北京出城向东南方向的重要道路。1895年丰台火车站建成，丰台正阳大街形成繁华街道。日本帝国主义侵华时期，西红门路（一营门至南苑）修6米宽水泥路面。

1953年北京市建设局工程处修沙子口路、北蜂窝路，为卵石路面。1954年至1955年，南苑东路、马家堡路、大红门南路、大红门西路、马连道路、马连道北路、南顶路、南苑西路、丰台东路、丰台南路、云岗路先后修成粒料稳定土路，宽4~6米。1956年大红门路、永定门车站路分别修成简易沥青碎石路面并做沥青表面处理。1957年至1958年，太平路、小屯路、铁营纵二路、石油库路、九龙山路修成砾石路或粒料稳定土路面。1959年云岗路修成6米宽水泥混凝土路面。南苑西路、大红门路（局部）修成沥青碎石或做沥青表面处理。同时，丰台正阳大街、南苑联通线、马家堡路做加固基础，修砾石路面。

1960年，由解放军744部队修大灰厂路（云岗至下庄段）砾石路，同年手帕口南街修成沥青路面。1961年至1965年，北蜂窝路、马家堡路、南顶路、大红门西路、丰台南路、二七厂路、南苑西路、马连道路、马连道北路、射击场路先后修沥青表面处理路面。丰台正阳大街、大红门路（大红门东街至大红门消防队之间）、南苑东路、西红门路修成沥青石屑或沥青混凝土路面。1966年至1970年，大灰厂路、镇国寺路、角门路、丰台西路、管村路、石油库路、小屯路、耐火材料厂路、七里庄路、大红门南路先后修成沥青表面处理路面，吴家村路、三路居路、羊坊店西路均修成沥青混凝土路面，羊坊店西路两侧修3米宽人行道。大灰厂东路（张郭庄经槐树岭至大灰厂之间），采取社办公助方式修卵石路面。

1971年至1975年，周庄联通线、卢沟桥东岸路、樊家村路、铁营东侧路、柳白路、太平路、卢井路（南营村至八一靶场段）、射击场路、丰台西站路、丰台西环路、卢沟桥东门路、周口店复线、安乐林路、黄陈路、方庄路、人民村路、大件路、五里店路先后修沥青路面。永定门车站路展宽至18米，两侧修3米宽小方砖人行道。大灰厂路由北京市第一市政工程公司将下庄至门潭路段做渣油表面处理。南顶路西段进行基础加固工程。大灰厂东路由北京市第一市政工程公司将张郭庄至杜家坎段修通，全线修成7~9米宽沥青碎石路面。大红门路全线展宽至9米，两侧修4米宽沥青人行道。

1976年至1980年，北蜂窝路展宽到11米，局部加固基础。小屯路、石油库路加固基础，加铺沥青混凝土面层。马连道北路加铺沥青混凝土面层。1981年至1984年，革新里路、松林里路、职工医院路、京周路立交道路先后修成沥青混凝土路面。管头路由北京市第二市政工程公司新辟12米宽沥青路面。南顶路大红门至北京日化一厂段由北京市第四市政工程公司展宽至9米，两侧修1.5~3米宽水泥砖人行道。南苑东路由北京市市政工程管理处将南北向段修成9米宽沥青混凝土路面。沙子口路展宽至9米，两侧修1~3米宽水泥砖人行道。

1985年至1990年，天坛南路、卢沟桥城南路、太平路南延、晨光路先后修成沥青路面。京良路由北京市公路工程公司修成15米宽沥青路面，它是京开路、京保路两公路的连接线。太平路展宽至9米，丰台路以东两侧修3米宽人行道。云岗路二老庄至周口店段展宽至9米。马连道路展宽至8~16米，两侧修4米宽人行道。卢井路加铺沥青混凝土面层，宽6米。

石景山区支路主要有22条，长34.23公里，路面面积35.11万平方米。

日本帝国主义侵华时期，于1942年建金顶街。1953年石景山钢铁公司在原住宅区西侧建职工居住区，亦称金顶街，并修砾石路。同年晋元庄路、八角东路、杨庄东路均修成6~9米宽砾石路面。1956年至1959年，金顶南路、广宁路、古城路、古城南路、八角南路西段（石景山教师进修学院至古城东街500米段）修6~9米宽沥青路面。1964年至1969年，苹果园路、金顶街、金顶北路修沥青表面处理路面，金顶山路东西段修1500米长水泥路面。金顶南路展宽至9米，加固基础，加铺沥青混凝土面层。古城南街修6米宽沥青石屑路面。

1970年至1980年，金顶北路东段修长400米、宽6米沥青混凝土，金顶山路南北段2500米修沥青路面。金顶街展宽至

9米。古城南街南段宽8米，北段展宽至12米。晋元庄路展宽至12米。金顶东街、金顶西街、古城北路、古城西路、苹果园路均修成6~12米宽沥青路面。20世纪80年代石景山地区的支路，主要是展宽路面并加铺人行道。古城南路、古城路将路面展宽至9米，两侧修2.5~3.5米宽人行道。古城东街、八角路、八角西街、八角东路、八角南路、八角北路、古城北路、杨庄东路均将路面拓宽至12米，两侧修2~4米宽水泥砖人行道。苹果园南路部分地段展宽至18米，两侧修筑3~3.5米宽水泥砖人行道。

西城区、海淀区二环路以外支路主要有71条，长142.6公里，路面面积130.07万平方米。

清代，海淀西大街、青龙桥大街是皇帝、后妃去圆明园、颐和园、玉泉山、香山的必经之路，蓝靛厂大街是清军火器营驻防之地，原地名就叫火器营，后形成村镇。1936年北礼士路修成6米宽碎石路面。1946年青龙桥大街修成4米宽碎石路面。1949年青龙桥大街修成沥青混凝土路面。

1951年至1957年，北礼士路修成焦炸路面。南礼士路、月坛南街、月坛北街、翠微路、北洼村路、金钩河路、杏石口路、蓝靛厂路、苏州街、温阳路、闵庄路、双清路、东北旺路、田村路、新都东路均修成砾石路或粒料稳定路面。这些路大部分是解决蔬菜进城的农用道路。同一时期，月坛南街、南礼士路、黑龙潭旧线修成沥青表面处理路面。北礼士路、圆明园东路修成简易沥青碎石路面。颐和园环路修成沥青混凝土路面，碧云寺路修成条石路面。颐和园环路内的停车场及展览馆前西侧的停车场均铺砌水泥大方砖面层。

1958年至1960年，东北旺路（原马连洼路段）、安宁庄路、圆明园西路修成5~6米宽粒料稳定路面。花园路由北京市第一市政工程公司在1201工厂至北三环之间修成上下行两幅式7米宽沥青路面，1201工厂至花园北路修成单幅式7~14米宽沥青路面。西翠路、翠微路、西直门车站路、西直门车站东分岔进行沥青表面处理。清华南路修成6米宽水泥混凝土路面，以后又用养护手段在路两侧将沥青路面加宽1~2米。双清路的成府路至清华东路段加固基础后铺筑沥青混凝土面层，清河镇南改线，向南移100米，向西重修一段砾石路面。公主坟环路修成沥青路面。

1961年至1965年，安宁庄路（昌平路至铁道段）、双清路（前八家至后八家段）黑龙潭旧线均做基础加固工程。月坛北街、月坛北小街、北礼士路、圆明园西路、通惠路、苏州街、海淀西大街、青龙桥大街、闵庄路、真武庙三条、鲁谷村路、八宝山南路先后进行沥青表面处理。北洼村路、三里河北街、二七剧场路、天宁寺路、南礼士路中段在加固基础后铺筑沥青混凝土面层。温阳路由北京市第一市政工程公司做多蜡沥青表面处理。去香山的路，由原来从北宫门向西，穿过青龙桥大街、青龙桥北岔，走厢红旗，再向西。1965年将红山口打通，并修桥梁一座，改从安河桥向西直通厢红旗。

1966年至1970年，新德街、蓝靛厂路、月坛西街、田村路、六郎庄路、杏石口路、双清路（清华东路至终点）、动物园环路、花园北路、海淀大街先后进行沥青表面处理，使这些低级路面达到黑色化。西直门外南路原为铁路路基，1969年由北京市第一市政工程公司修成7米宽沥青路。苏州街由北京市市政工程管理处展宽至6.5米，修成沥青混凝土路面。圆明园西路（农业大学至东北旺路）新辟6米宽沥青路，与东北旺路连通。

1971年至1974年，运河东岸路、蓝靛厂路、黑龙潭旧线均由海淀养路队加铺沥青石屑面层，永丰路南段1000米及农机站至电台3530米段修成沥青石屑路面。玉厢路、安宁庄路、东北旺路小营至铁路之间2公里段7米宽沥青碎石路面由北京市第一市政工程公司修筑。月坛南街由北京市第一市政工程公司将南礼士路至三里河之间展宽至14米。北礼士路北段展宽至9米。西外大街南路展宽至10~12米。西便门外大街加铺沥青混凝土路面。

1977年至1979年，国务院宿舍南路、冰窖口胡同、永丰路（农机路至大牛房）、闵庄路先后修成沥青路。六郎庄路、杏石口路、田村路由北京市市政工程管理处进行基础加固，加铺沥青混凝土路面。月坛北街由北京市第一市政工程公司修成三幅式路面：机动车道宽12米，两侧非机动车道各宽5米，人行道各宽4米。1978年在首都体育馆建设的同时，在路南侧修13954平方米的水泥大方砖停车场，为首都体育活动做了配套工程。南礼士路（复兴门外至月坛南街段）展宽至12~24米，两侧各修5米宽人行道。

1981年至1986年，市政设计院外部路、香山饭店外部路、邮电东路、马甸立交桥西北便线、小月河暗沟滨河路、德胜门西滨河路先后新辟成路，并修成沥青路面。南旱河路修成7米宽沥青碎石路，并修挡土墙525米，沿线有李大钊烈士陵园。北洼村路展宽至7米。双清路（清华东路至昌平路）展宽至9米。翠微路展宽至7~12米。北洼路展宽至9米。万泉河整治后，由北京市城建一、三公司将万泉河小区路、六郎庄北路修成9~12米宽沥青路面，两侧修3~5米宽人行道。1982年将颐和园环路展宽3米，人行道移至树池外，广场相应向内缩1~2米，并将广场大方砖做部分更换。玉渊潭南路由北京市第二市政工程公司修12米宽沥青路，两侧各修3米宽人行道。为了缓解颐和园路、圆明园西路至颐和园北墙的交通压力，将圆明园西路南段展宽，新辟国际关系学院门前路，使此段路形成单方向行驶车道。田村路由石景山区市政管理所将西段展宽至12米。

1987年至1990年，长河桥—绣漪闸路、海淀北大街新辟成12米宽道路。因修建四川大厦，将北礼士路南段180米路向西移，修成10米宽的沥青路。海淀大街由北京市市政工程管理处在新建下水管道后，将路面展宽至12米，两侧修3~4.8米宽的人行道。黑龙潭旧线的六里屯路口以西400米长的路段及太舟坞村附近1500米长路段，展宽至9米，修成沥青石屑路面。东北旺路由北京市第二市政工程公司将东段展宽至21米，两侧各修4.5米宽人行道。杏石口路旱河桥附近1公里段展宽至7米。蓝靛厂路京密引水渠西岸段展宽至10.7米，街里段展宽至6~6.6米。花园路（花园北路至北四环之间）修成三幅式路面：机动车道宽10米，非机动车道宽4~5米，人行道宽1.5~3米。巴沟路由北京市政机械公司施工，将原乡间土路修成12~16米宽沥青路，其中有850米为管道排水。北礼士路（阜成门至百万庄路之间）由北京市第二市政工程公司展宽至14米，两侧修3米宽人行道。圆明园东路由海淀区养路队在南段旧路的东侧新辟一条9米宽沥青混凝土路，形成上下行的两幅路面，此路是为迎接第十一届亚运会而改造的。

杨庄东街

南起八角北路，北至苹果园南路，全长1500米，路面宽12米，沥青路面，面积18000平方米。该路原为晋元庄路的一段，1953年修建，长300米，路面宽9米，两侧土路肩各宽1米，路肩外侧为边沟排水。1988年10月因建筑物拆除打通，为该路重建拓宽创造了条件。1990年开始一期工程，南起八角西街，北至杨庄东口长580米路面扩宽至12米，两侧各铺装4米宽水泥九格砖人行步道，把原边沟改建为地下雨水管道。道路面层铺筑5厘米厚粗级配中粒式沥青混凝土，底层为20厘米厚石灰土，25厘米厚石灰粉煤灰砂砾混合料。支线路口面层铺筑5厘米粗级配中粒式沥青混凝土，底层为20厘米厚石灰土。人行步道面层铺筑水泥九格方砖，15厘米厚石灰土底层，3厘米厚卧底砂浆。

双清路

南起中关村东路，中与清华东路相交，至清河镇南向东拐至学清路。全长3961米，路面面积31353平方米。该路原为大车道，1954年3月至4月由北京市建设局养路工程事务所修6米宽粒料稳定土路，两侧各有1米宽土路肩，边沟排水。1960年4月至6月展宽路基，将原有边沟填死夯实，将土路肩各向两侧展宽2米，在外边重新挑挖边沟。在清河镇南东西向段做改线工程，距原线向南100米处，重新修一段东西向新路，改线段仍做粒料稳定土路面，下边有15厘米厚级配砂石基础。1960年10月至11月，在清华东路至南端约500米，做道路翻浆加固工程，基础为级配砂石20厘米，面层仍为粒料稳定土路。1961年10月至11月，在南段做沥青混凝土面层，路面展宽至9米，路肩做粒料稳定处理。1964年4月至5月，在前八家村至后八家村之间做翻浆加固工程，底层石灰土厚20厘米，面层仍为粒料稳定土路。1968年7月至11月，从清华东路至昌平路做沥青表面处理，至此全路完全黑色化。1984年10月至12月，由北京市市政工程管理处施工，将清华东路至昌平路之间路面展宽至9米，面层为5厘米厚沥青混凝土。沿线均为边沟排水，有双清东桥和3座过街涵洞。沿线有挡土墙146米，京包铁路穿过该路。

胡 同

据元代《析津志》载，北京有384条街巷、29条胡同。明代《京师五城坊巷胡同集》载，北京有1170条胡同。清代《京师街巷志稿》中，列街巷胡同约2077条。民国初到抗日战争胜利后，据《北京市都市计划设计资料第一集——北京市之概略》载，北京城区共有胡同3065条，其中已铺装的有871条。

辽南京城和金中都的位置在今宣武门内大街、宣武门外大街以西、广安门内大街、广安门外大街南北地区。这一带胡同还存有辽南京城和金中都街巷、胡同的遗迹。

元大都的位置，南城墙在今长安街南侧，北城墙在德胜门、安定门外北土城的位置，东城墙在朝阳门、东直门及其延长线上，西城墙在阜成门、西直门及其延长线上。元大都的建设有一个完整的规划，全城设11个门，门内有大街，宽24步（合36.96米）；大街之间有小街，宽12步（合18.48米）；小街之间有胡同，宽6步（合9.24米）；两条胡同之间是住宅，宽77米。官署或寺庙占两条或三条胡同的距离。这些大街、小街、胡同排列非常整齐，形成北京内城街巷布局的基础。

明代的北京城南城墙在元大都南城墙的基础上南移了二里，新建崇文门、正阳门、宣武门，北城墙南移了五里，新建安定门、德胜门，形成北京的内城。嘉靖三十二年（1553）又增设外城，设7个门，即东便门、广渠门、左安门、永定门、右安门、广宁门（今广安门）、西便门。内城的街道、胡同在元大都的基础上形成棋盘式。外城东部的街道、胡同根据地形、河流的走向，形成很多东南走向的斜街、胡同；西部继承了金中都街道、胡同的格局。

清代和民国时期，北京城内的街道、胡同格局没有大的改变。中华人民共和国成立后，北京的街巷、胡同不断发展变化，拆除了一些胡同，如修复兴门内大街、建国门内大街、北京火车站时拆除一些房屋，使一些胡同消失了。另外新建了一些小区，增加一些小区内的道路，又出现了一些新的胡同。路面进行了展宽、加固，全部进行了铺装，部分胡同两边还修了水泥方砖或沥青人行道。截至1990年年底，北京的胡同约3000条。

北京的胡同最长的是东打磨厂街—西打磨厂街，共计长1832米，最短的胡同在琉璃厂东街东口的桐梓胡同至樱桃胡同北口段，原叫一尺大街，现在已并入杨梅竹斜街。最窄的胡同是前门外钱市胡同，最窄处仅宽40厘米。弯最多的胡同是前门外九湾胡同，有13个弯。北京的斜街也很多，有白米斜街、樱桃斜街、杨梅竹斜街、上斜街、下斜街、东斜街、西斜街等，这些斜街大都是因河道、水沟流向形成的。最老的胡同在宣武区长椿街国华商场后的三庙街一带，辽代叫檀州街，已有900多年的历史，还有老墙根街等也是辽代的胡同。最早修成沥青路面的胡同是大栅栏街，1915年由当地绅商捐资修建。

北京胡同的名称有丰富的文化内涵与悠久的历史。例如东郊的通州是古代的水运码头，粮食、布匹等生活用品从朝阳门进入北京城，因此东城区就有很多仓库，以仓库命名的胡同很多，如南门仓胡同、北新仓胡同、北太仓胡同、海运仓胡同等。西城区在明清时官署、官员住宅较多，以官署和官员名称命名的胡同也很多，如按院胡同、察院胡同、兵马司胡同、武定侯胡同、端王府夹道等。清代将汉人迁到外城居住，汉族官员上朝多从正阳门出入，该地区逐渐形成繁华的商业区，如大栅栏街、珠宝市街、廊房头条、廊房二条等是绸布、百货、珠宝、金银首饰商店集中的地区。另外，外地进京赶考的举人和来京做买卖的商人也多居住外城，所以会馆多、戏院多。官僚、军阀和社会各类闲杂人员多出没于八大胡同。因北京是几朝的都城，历史上的名人很多，王府及名人故居也很多，这些都反映了北京胡同的特色。

二环路内的胡同

二环路内东城区域内的胡同主要有 549 条。其中，在交通上发挥较重要作用的胡同共计 121 条，占东城区胡同总数的 22%。1939 年，新开路胡同做了路面铺装，长 941 米，路面宽 4 米，路面面积 3890 平方米。1949 年东四十一条做了路面铺装，长 854 米，路面宽 5.5 米，路面面积 4975 平方米。20 世纪 50 年代，东城区共有 31 条胡同进行了铺装，共计长 14.91 公里，路面面积 7.34 万平方米，如外交部街、西总布胡同、黄化门街、西裱褙胡同、宝钞胡同、五道营胡同。60 年代进行铺装的胡同有 38 条，共计长 19.45 公里，路面面积 8.46 万平方米，如报房胡同、海运仓胡同、船板胡同、前圆恩寺胡同等。70 年代有 46 条胡同修成沥青路面，共计长 13.94 公里，路面面积 6.17 万平方米，如前赵家楼胡同、灯市口北巷、东受禄街、弓弦胡同等。80 年代有 4 条胡同修成沥青路，共计长 0.69 公里，路面面积 0.33 万平方米，如老钱局胡同、旗杆胡同等。在修建建国门内大街及北京火车站时，经拆迁将东观音寺、西观音寺、牛角湾、官帽胡同、沟沿头、钓饵胡同等一些胡同取消。

二环路以内崇文区域内的胡同主要有424条。其中在交通上发挥较重要作用的胡同共有70条，占崇文区胡同总数的17%。1952年将东、西兴隆街进行铺装。20世纪50年代共铺装了8条胡同，共计长6.43公里，路面面积4.19万平方米，如东晓市街、西晓市街、西打磨厂街等。60年代进行路面铺装的胡同有32条，共计长10.67公里，路面面积5.51万平方米，如金鱼池中街、花市下头条、南桥湾街、天坛东里等。70年代有18条胡同修成沥青路面，共计长7.03公里，路面面积3.63万平方米，如西四块玉胡同、龙须沟北里、花市东二条、幸福北里等。80年代有12条胡同修成沥青路面，共计长4.01公里，路面面积1.81万平方米，如龙潭西里、广渠门北里、营房西头条、东坛根胡同等。

二环路内宣武区域内的胡同主要有661条。其中在交通上发挥较重要作用的胡同共计108条，占宣武区胡同总数的16%。1915年由当地绅商集资将大栅栏街修成北京市第一条沥青路面。20世纪50年代初，为安置龙须沟的栅铺户，修建了胜利一、二、三巷，随着建设发展形成新安北里、中里、南里诸巷（胡同）。1951年北樱桃街路面进行铺装。20世纪50年代有7条胡同铺装了路面，共计长1.99公里，路面面积1.15万平方米，如福长街、施家胡同、香厂路等。60年代铺装路面的有3条，共计长1.1公里，路面面积0.53万平方米，如盆儿胡同、梁家园北胡同等。

70年代有40条胡同修成沥青路面，共计长10.4公里，路面面积5.3万平方米，如胭脂胡同、琉璃厂东街、校场大六条、白纸坊胡同、石头胡同、果子巷、廊房二条等，其中琉璃厂东街铺装大方砖成为步行街。80年代修成沥青路面的胡同有57条，共计长16.65公里，路面面积10.28万平方米，如福州馆前街、枣林斜街、半步桥街、窑台胡同、天桥市场北街、白广路东里、樱桃二条、法源寺前街等。

二环路内西城区域内的胡同主要有677条。其中在交通上发挥较重要作用的胡同共计140条，占西城区胡同总数的21%。中华人民共和国成立前，域内胡同基本上都是土路面。1951年，将宫门口东岔进行铺装，长303米，路面面积1390平方米。20世纪50年代共计铺装路面18条，共计长6.79公里，路面面积3.77万平方米，如成坊街、锦什坊街、双栅栏胡同、大六部口、大乘胡同、前公用胡同等。60年代铺装路面的胡同有46条，共计长18.05公里，路面面积8.52万平方米，如松树胡同、钟声胡同、西四北五条、武功卫胡同、西斜街等。70年代修成沥青路面的胡同有40条，共计长13.27公里，路面面积6.13万平方米，如东红门胡同、力学胡同、草岚子胡同、察院胡同、银锭桥胡同等。80年代修成沥青路面的胡同有36条，共计长9.3公里，路面面积4.57万平方米，如宗帽胡同、华嘉胡同、新街口二条、南大安胡同、后海西沿等。在修建复兴门内大街时，将报子街、邱祖胡同、旧刑部街、卧佛寺街之间的房屋拆除，此4条胡同因此消失。

二环路外的胡同

东城区、朝阳区域内的二环路外关厢地区的胡同主要有110条。其中在交通上发挥较重要作用的胡同共32条,占总数的29%。民国时期,在安定门外、东直门外已有一些胡同,如东直门外南后街、北香河园路、民旺南胡同等。20世纪50年代进行铺装的胡同有6条,长2.07公里,路面面积1.6万平方米,如青年湖西里的胡同、西营房胡同、安外东后巷等。60年代进行铺装的胡同有8条,共计长5.18公里,路面面积3.53万平方米,如小黄庄前街、上龙南巷、民旺胡同、朝外北居民区内胡同等。70年代修成沥青路面的胡同有7条,共计长2.17公里,路面面积1.27万平方米,如东营房一条、北二里庄的胡同、前花园北巷、左家庄地区内道路等。80年代修成沥青路的胡同有11条,共计长11.65公里,路面面积5.65万平方米,如地兴居一巷、青年湖小区内道路、地坛北里内道路、建外小区内道路等。

崇文、宣武区、丰台区范围内二环路外关厢地区的胡同主要有326条。其中在交通上发挥较重要作用的胡同共计60条,占总数的18%。20世纪50年代有9条胡同进行了铺装,如杨家园路、桃杨路、祖家庄路、方庄路、右外东街、广安门外南街等。60年代有8条胡同进行了铺装,如三元街、民主北街、右外居民区东头条、天宁寺前街、广安门外北街、马连道中街等。70年代修成沥青路面的胡同有11条,如松林街、东永建里诸巷、革新里路、木樨园商场北路、小马厂四巷、广安门车站东街、红居街等。80年代有32条胡同修成沥青路面,如李村中街、安乐林中街、安定里诸巷、手帕口西街、马连道北路、湾子街东线等。

西城区、海淀区范围内二环路外的胡同主要有227条。其中在交通上发挥较重要作用的胡同共计41条,占总数的18%。1953年将西直门北滨河路修成砾石路面后又加铺沥青面层,长570米,路面宽7.7米,路面面积4436平方米。20世纪60年代有7条胡同进行铺装,共计长3.24公里,路面面积2.04万平方米,如三里河北街、白云观路、大井胡同等。70年代有8条胡同修成沥青路面,共计长4.31公里,路面面积2.1万平方米,如进步巷、新康街、北下关路、二里沟路、甘家口北居民区内道路等。80年代有25条胡同修成沥青路面,共计长14.63公里,路面面积共8.29万平方米,如露园七条、扣钟胡同、真武庙六里、甘家口居民区内道路、小村路、地藏庵北巷等。

放射线道路

城近郊区内放射线道路由连接城市对外及通往市郊区的主要道路两部分组成。

通往郊区主要道路

首都机场高速路

三元桥至首都机场,全长18.1公里,是一条全封闭、全立交市级高速公路。1992年7月2日开工,1993年9月14日通车。该路宽34.5米,双向六车道,设计速度为120公里/小时。全线建有8座立交桥、2座跨河桥、9座通道桥。集监控、收费、照明、通信、标志、防眩、护网等于一体。路两侧各有50米宽绿化带。全线分为三段:三元桥—北皋,长7.6公里,以旧路为中心,中央隔离带宽3米,左侧路缘带宽0.75米,硬路肩宽3米,土路肩宽0.75米;北皋—天竺,长8公里,建在旧机场路北侧;天竺—机场,长2.5公里,是按机场标准设计的。所铺路面层均采用改性沥青新技术,桥梁接缝为德国"毛勒"缝。

京顺路

西南起三元桥,经东坝河、大山子、北皋、来广营路至孙河大桥。长13789米,路面面积332788平方米。

清代为离宫御道，1923年辟为公路，后因年久失修路面损坏。1957年修首都机场路时在原路基础上改线、取直、拓宽，筑成与首都机场路平行的沥青路，当时又称首都机场辅路。20世纪80年代进一步拓宽，改筑成高标准两幅双向道路。路中心建有隔离墩及绿化隔离带，安装羊角式路灯，行道树为国槐和杨树。两侧修明沟排水。跨坝河、北小河，穿京包铁路。

1960年，为满足经济发展及交通的需要，兴建京密公路。当新线路基完成70%时，因压缩基本建设规模，工程停工。1963年，再建京承公路，对起始段做了改线，并修建了孙河桥（原为过水路面），使去怀柔、密云方向的车辆改走京顺公路。1969年5月，由北京市第一市政工程公司施工，新辟由左家庄至大山子7公里路段，修9米宽沥青路面。由大山子至孙河桥8公里路段，利用旧路和1960年修筑的土路基，修建7米宽沥青路面。1978年7月至1981年9月分5段，以原路为基础，裁弯取直进行拓宽。该路为二幅式路面，分上下行混合车道。路面宽23米，中心隔离带宽0.8米，两侧为1.25~1.5米宽的人行道或土路肩。大部分为边沟排水。道路结构为5厘米沥青碎石路面，5~24厘米沥青碎石联结层，20~35厘米级配砂石上基层，15~30厘米石灰土下基层。在三元桥东侧有地下通道1座。

2007年，太阳宫北路至孙河桥段12.4公里的路建成景观大道，道路两侧是各30米宽的绿化带。

通往外省市主要道路

北京—通辽

由香河园街开始,经京顺路接 111 国道。以东直门为起点,经顺义、怀柔、密云、古北口、承德通往通辽的公路是北京市通往东北方向的一条重要交通干线。

中华人民共和国成立前没有正式道路,1953 年配合酒仙桥工业区的建设,新辟东直门至大山子的道路,修成 7 米宽的砾石路面,当时称东酒路。1955 年由东直门斜街至大山子修成 9 米宽沥青路面,后又将东酒路延长至草场地,修成 7 米宽沥青砾石路面。随着交通量的增长,东直门关厢地区交通压力增大,在东直门北侧另辟一豁口。1963 年将香河园街做沥青表面处理。1969 年为理顺进出首都机场的交通秩序并满足顺义地区交通的需要,新辟京顺路,与首都机场路相平行,修成 7~9 米宽沥青碎石路面,按规划将东直门外斜街的新东路至三环路之间的公路修成三幅式路面。

1978 年至 1981 年,由北京市第三市政工程公司将京顺路展宽成两幅式路面,每幅宽 12.25 米。1984 年,三元桥建成通车,解决了京顺路、首都机场路与三环路平面交叉的矛盾,并将静安庄路口至三环路之间修成了四幅式路面。1986年3月至6月对无轨道电车总站至左家庄路之间的路面进行加宽改造。

北京—山海关

由朝阳门外大街经朝阳路连接102国道。朝阳门外大街与朝阳路在清代是去东陵的御道,也是南粮北运进京的陆路通道。朝阳门至八里桥段在清代为石板道。民国七年(1918)做过改建。1953年新建护城河木桥并翻建朝阳门至东大桥一段道路,修成7米宽沥青碎石路面。1955年在朝阳门北开一豁口,护城河上架一座木桥,以解决朝阳门交通拥堵问题。1958年拆除了朝阳门箭楼。1963年朝阳门外大街两侧铺装了水泥砖人行道。1973年至1982年8月,共分4次对朝阳路进行较大规模的改造,将呼家楼至十里堡之间的路面改成三幅式路面,机动车道宽15米,两侧分隔带各宽2.5米,非机动车道各宽6~7米,人行道各宽5米。十里堡至大黄庄路段展宽至22米,单幅式沥青路面,由北京市第一市政工程公司施工。1989年将朝阳门外大街自朝阳门立交桥至东大桥路口改建成三幅式路面,并修建过街地下通道3座,机动车道宽26~33米,两侧分隔带宽2米,非机动车道各宽6~7米,人行道各宽5米,由北京市第三市政工程公司施工。1989年11月至1990年12月,将大黄庄至通县路段建成四幅式路面,路中心有4.5米宽分隔带,两侧机动车道各宽8.5米,快慢分隔带各宽 5.5~6.2 米，非机动车道各宽 4~6 米，人行道各宽 5 米，由北京市第三市政工程公司施工。

2004 年 12 月后，分期实施改扩建，第一期东大桥至东四环慈云寺桥路段，全长 3.6 公里；第二期东四环慈云寺桥至杨闸环岛，全长 9.6 公里，改建后道路设计速度为 60 公里/小时，主路为双向 6~8 车道，两侧设 7~9 米辅路。2006 年 6 月改建通车。同年，朝阳门至三环路京广桥段大修，全长 2.3 公里。

北京—哈尔滨

京哈公路（北京段）路线编号 G102。起点北京，终点黑龙江省哈尔滨，全长 1312 公里。北京段又称京榆路，起点在二环路朝阳门立交桥，经通州区白庙桥进入河北省三河市燕郊，全长 31.3 公里。其中，朝阳门至八里桥长 16.47 公里的路段为一级公路，八里桥至西马庄 1.03 公里的路段为二级公路，西马庄至燕郊长 13.8 公里的路段为高速公路。1994 年，将北关环岛至燕郊段 12.3 公里提级改建为高速公路（原路为二级公路），双向四车道；设有互通式立交桥 5 座、大桥 3 座、中桥 1 座，2003 年通车。2010 年日均车流量 3.89 万辆。

京哈高速公路（北京段）路线编号 G1。起于北京，止于黑龙江省哈尔滨，全长 1200 公里。北京段起点在东四环四方桥，经朝阳区、通州区，到北京市与河北省香河县交界处的大沙务，长 39.9 公里。原称京沈高速公路，1998 年 7 月开工，1999 年 9 月建

京哈高速公路

成通车。全线双向 6 车道，设计速度为 100~120 公里 / 小时，设有互通式立交桥 7 座、分离式立交桥 21 座、特大桥 1 座、大桥 2 座，其他桥梁及通道 24 座，沿线设置主线收费站 1 处、匝道收费站 5 处和服务区 1 处（田家府服务区），省界站香河收费站为北京和河北共用站。2007 年，改称京哈高速公路。2009 年 7 月至 8 月，京哈高速公路（北京段）进京方向 K17~K25 段进行路面病害修复工程。2010 年，日均车流量 5.95 万辆。

北京—塘沽

京塘公路（北京段）路线编号 G103。起点北京，终点天津塘沽，全长 166 公里。

元代以后，逐步形成出朝阳门，经东大桥、通县、杨村到天津的车马大道。清代，朝阳门至通县西门路段为通往奉天（今沈阳）及皇室去东陵祭祖的御路。雍正七年（1729）命所司鸠工建成宽6.7米花岗岩条石路面。乾隆二年（1737），朝阳门石道交地方官3年一次查勘，如有圮塌，报部修理。1917年，北洋政府与美国红十字会协商，各出10万元修建京津大道。后因经费不足而停工。1920年，北洋政府向民间商号借款29万元，美国红十字会又拨款10万元，河工处拨款6万元，中法银行贷款60万元，共筹集资金105万元，由中、美、法三国组成委员会继续修建京津大道。1921年年底竣工，为土路，称"博爱路"。1922年3月，《道路月刊》创刊号载文称，"查吾国今日之道路实肇于京津大道"。1940年进行大规模整修，路基增宽至8~10米，北京至通县段铺筑宽7米沥青路面。1941年在一侧修筑宽3米混凝土路面，京津与津塘公路连接起来，始称京塘国道。1945年日本投降后，国民政府八区局接管此路，对损坏的混凝土路面进行过整修。到1949年，由于缺乏养护管理，损坏严重，行车困难。1950年，交通部公路总局考察后，核拨该路整修费250万公斤小米，重点修补交通量最大的京通段。1963年，起点由朝阳门改为建国门，经八王坟、高碑店、杨闸至五里店与原线相接。1980年由北京市公路处投资全线改建，按一级公路技术标准，1985年10月竣工。

1996年，西大望路至八里桥段17.6公里改建成城市快速路（又称京通快速路），该段为全立交、全封闭式。其余路段为一级公路。2005年5月至10月，将K18+372至K24+981段改建为城市主干线。2006年9月至2010年相继5次大修、改建，主要是加固桥梁、重铺沥青混凝土路面。2010年收费站口日均通过量为13.68万辆。

北京—福州

京福公路（北京段）路线编号G104。起点北京，终点福建省福州，全长2327公里。北京段起点为永定门，经丰台区大红门、大兴区青云店至大兴区凤河营出市界，全长47.14公里，其中东高地至东高地南长1.51公里、忠兴庄至K13+500长0.135公里、瀛海至瀛海南长1.3公里、凤河营西桥至市界长2.04公里为一级公路，永定门至东高地长9.14公里、东高地南至忠兴庄长2.715公里、K13+500至瀛海长1.8公里、瀛海南至凤河营桥长28.5公里为二级公路。2005年12月至2006年9月，对凤河营西桥至市界2公里由三级公路改建为一级公路，工程建设投资2435万元。2010年日均车流量为9.45万辆。

北京—广州

京广公路（北京段）路线编号G106。起点北京，终点广州，全长2420公里。北京段起点为二环路菜户营，经大兴区黄村、庞各庄、榆垡至永定河大桥北出市界，全长44.6公里，其中二环（菜户营）至三环（玉泉营）长3公里为城市快速路，三环（玉泉营）至榆垡收费站长35.35公里为高速公路，榆垡收费站至永定河大桥北长6.25公里为一级公路。双源桥至黄垡桥长15.3公里，与大广高速重线。1991年京开路与通黄路相交路口曾建成环岛。2000年4月至2001年6月，对玉泉营至大兴榆垡39公里路段进行改建，由一级公路改建为高速公路，设计速度为120公里/小时，双向4~6车道；设有互通式立交桥4座，分离式立交桥17座，跨河桥2座，高架桥1组，通道13座，道路两侧设置辅路。2010年日均车流量为9.94万辆。

大庆—北京—广州

大广高速公路（北京段）路线编号G45。起于黑龙江省大庆市，止于广东省广州市，全长3455公里。北京段从密云区司马台，到大兴区与河北省固安县交界处的永定河大桥，全长217.78公里（其中北六环酸枣岭桥至南六环双源桥段，长84.3公里为与六环路共线段）。全线有枢纽型互通式立交桥8座、一般互通式立交桥15座、分离式立交桥45座、公铁立交桥7座、跨河桥30座（其中特大桥2座）、通道桥83座，隧道20座，泵站1处。其中，司马台至密云沙峪沟段长62.65公里，设计速度为80~100公里/小时，双向4车道加紧急停车带，2007年8月开工建设，2009年9月竣工通车。沙峪沟至北六环酸枣岭桥段长46.7公里，设计速度为80~100公里/小时，双向6车道加紧急停车带，2004年6月开工建设，2006年9月竣工通车。双源桥至市界段

24.13公里，2009年4月开工，2010年12月建成通车，设计速度为100~120公里/小时，双向6车道加紧急停车带。2010年，大广高速北京段收费站日均通过量为13.28万辆。

北京—深圳

京深公路（北京段）路线编号G107。起点北京，终点广东省深圳，全长2454公里。北京段起点二环路广安门桥，经丰台区卢沟桥、房山区良乡至琉璃河出市界，全长55.81公里，其中房山区十三里至琉璃河12.05公里为二级公路，其余路段长43.76公里为一级公路。1998年至1999年，对K25+800—K48+600路段按平原二级标准实施改建，并进行了罩面和补强。2001年，对琉璃河大街段长2.08公里进行改建。2010年8月至12月，对琉璃河至房山城区段13.8公里路段进行大修，消除路面网裂、沉陷病害。2010年日均车流量为13.38万辆。

北京—昆明

京昆公路（北京段）路线编号G108。起点北京，终点云南省昆明，全长3254公里。北京段起点二环路复兴门桥，经门头沟潭柘寺至房山霞云岭出市界，全长139.45公里，其中复兴门至卧龙岗（六环）长18.6公里为城市快速路；卧龙岗（六环）至石门营长5.1公里和鲁家滩至鲁家滩环岛长1.6公里为一级公路；

石门营至鲁家滩长 11.5 公里及鲁家滩环岛至霞云岭长 102.65 公里为山区二级公路。2003 年 6 月至 11 月，对门头沟石门营环岛至规划六环路 5.1 公里路段进行改建，由三级公路改建为一级公路，设计速度为 60 公里/小时，双向 6 车道。2004 年 12 月至 2010 年 10 月，实施了复线新建工程，起点为河北镇辛庄，终点为佛子庄乡贾峪口村，全长 20.78 公里，设计标准为二级公路。2008 年 10 月至 2009 年 9 月对 K40+300—K48+000 和 K62+000—K119+000 两段长 64.7 公里实施提级改造工程，由三级公路改建为二级公路。

北京—拉萨

京拉公路（北京段）路线编号 G109。起点北京，终点西藏自治区首府拉萨，全长 3785 公里。北京段起点阜成门，经门头沟区三家店、雁翅、斋堂至苇子港大垭口出市界，全长 119.15 公里，其中定慧桥至金元桥长 9.9 公里为城市快速路；阜成门至定慧桥长 7.63 公里、金元桥至三家店长 6.77 公里为城市主干路；三家店至大垭口长 94.85 公里为二级公路。1997 年，对三家店至大垭口段 94.85 公里由三级公路改建为二级公路。1998 年 3 月，在塔岭沟桥上游建设了塔岭沟新桥，同时改建道路 550 米。2004 年年初至 12 月，对 K24+500 至 K105+000 长 80.5 公里路段实施安保示范工程，主要包括设置缆索护栏、钢管护栏、立体标线、太阳能标志、新增涵洞 8 道和盲沟 3 道，改善道路排水系统，改

京拉公路青白口路段

造桥梁4座，加固桥梁3座，其中大中型桥梁5座，工程建设投资2091万元。G109安保示范工程得到交通部表彰，成为全国普通公路安保示范工程。2009年至2010年，该路两次进行大修，采用微表处理技术对长70公里的路段进行预防性养护。

京藏高速公路（北京段）路线编号G6。起于北京，止于西藏自治区拉萨市，全长3718公里。北京段起点在北三环马甸桥，经昌平区沙河、居庸关、延庆区八达岭，终点在北京市与河北省交界处的康庄，全长68.37公里，原称八达岭高速公路。全线双向4~6车道，设计速度为60~120公里/小时；设有互通式立交桥21座、分离式立交桥7座、公铁立交桥4座、大中桥64座、隧道10座。该工程分三期建设：一期工程由北三环马甸桥至昌平西关环岛，长31.2公里，1996年1月开工建设，同年11月完工通车；二期工程由昌平西关环岛至八达岭，长30.7公里，1997年1月开工建设，1998年11月完工通车；三期工程八达岭至康庄，长8.1公里，2000年10月开工建设，2001年9月完工通车。沿线设置2处主线收费站、20处匝道收费站和服务区1处（百葛服务区），省界站康庄收费站为北京和河北共用站。2007年，改称京藏高速公路。2010年，收费站口日均累计通过量19.74万辆。

北京—银川

京银公路（北京段）路线编号G110。起点北京，终点宁夏回族自治区银川，全长1256公里。北京段起点德胜门，经昌平区沙河、延庆区黄土嘴至下营出市界，全长98.2公里，其中二环（德胜门）至三环（马甸）段长2.3公里为城市快速路（德外大街），三环马甸桥北至昌平西关环岛长31.2公里与G6京藏高速共线；昌平西关环岛至涧头路口2.97公里为一级公路；涧头路口至延庆莲花滩24.43公里为二级公路；莲花滩至米家堡14.9公里为一级公路；米家堡至市界22.4公里为二级公路。2003年2月至9月，对延庆区城段进行改建（姜家台南至大秦铁路北侧的路段长7.11公里），由二级公路改建为一级公路，双向4车道。2005年4月至2007年12月，在旧路西侧新建莲花滩至德胜口进京方向道路（出京利用旧路），长14.95公里，技术标准为一级公路。2005年4月至2007年12月，对莲花滩至大榆树长8.43公里的出京方向道路和大榆树至米家堡长6.47公里的路段进行改建，由二级公路改建为一级公路，双向4车道加连续紧急停车带。2010年日均车流量为1.53万辆。

北京—开封

京开高速，即北京至开封高速公路，是国家 G45 大广高速的组成部分。京开高速北起北京南三环西路玉泉营立交桥，南至开封，全长约 670 公里。

1983 年至 1985 年由北京市公路工程公司和公路管理处大兴管理所修京开路北京市区段。由南三环西路的玉泉营向南至黄村路口。北段约 8 公里是新辟路线，南段利用旧路改建。该路为三幅式路面，机动车道宽 17.6 米，非机动车道各宽 6 米，外侧是土路肩，沿线修建 4 座立交桥。在北端同时修建玉泉营环岛，南北长 360 米，东西长 240 米，是北京市最大的道路环岛。1989 年 6 月至 1990 年 6 月由公路处门头沟管理所和京石公路管理所施工，将菜户营南路修成四幅式路面。机动车上下行道各宽 12.25 米，非机动车道各宽 7 米，两侧各有 3 米宽人行道。沿线有凉水河桥一座，下穿京广铁路桥。

北京—大同

由阜成门外大街、阜成路、阜石路、门头沟路接 109 国道。它是通往正西方向的一条重要交通干道，也是北京市重要的运煤道路。清道光十年（1830）开辟京门路。1934 年将阜成门外大街建成砾石路面。

1950 年，由北京市建设局组织京门公路施工所施工，模式口以西旧路路面狭窄，弯道多，坡度大，有一段利用河床，车辆难行，遂修成5米宽碎石路面，保证运煤车畅通无阻。因阜成门门洞仅宽4.5米，为改善交通，市政府决定拆除瓮城，并在城楼两侧各开一豁口，车辆分上下行道进出城，同时拆除一些民房，将关厢地区修成12米宽沥青路口，关厢至八里庄段修成9米宽粒料稳定土路面。1952年将京门路分段修成沥青路。1954年将阜成门至三里河路口之间路段修成15米宽沥青路；八里庄至西黄村段修成5米宽粒料稳定路面。

1960年从三里河至五棵松路之间路段改建成14米宽沥青路面。1966年京门路展宽至8米，1977年修建了阜成门立交桥。

1982年阜成门外大街两侧修水泥砖人行道；同时在三里河至西三环中路修成三幅式路面，机动车道宽23~26.5米，两侧分隔带宽5~8.5米，非机动车道宽7米，人行道宽3~5米。

北京—上海

京沪高速公路（北京段）路线编号G2。起于北京，止于上海，全长996公里。北京段从南四环十八里店桥，经通州区马驹桥、大兴区采育、通州区柴厂屯与河北省廊坊交界，全长35公里，原称京津塘高速公路北京段。北京段全线双向4车道，设计速度为120公里/小时；设置互通式立交桥2座、跨线桥6座、跨河渠及输油管线桥11座，其中大桥1座、中桥8座、小桥2座、通道32座，泵站1处。该路采用世行贷款建设，1987年12月动工，1991年年底北京至天津杨村段建成通车，1993年9月25日全线贯通。沿线设置1处主收费站、2处匝道收费站和1处服务区（马驹桥服务区）。1996年，在大兴区采育镇新建单喇叭互通立交桥1座。2005年，实施大羊坊收费站改扩建，收费车道由12条扩建为24条，同时与之相连的3.5公里道路由双向4车道扩建为双向6车道。2007年，改称京沪高速公路。2010年，日均车流量为3.56万辆。

北京—港澳

京港澳高速公路（北京段）路线编号G4。起于北京，止于香港、澳门，全长2273公里。北京段从西三环六里桥，经丰台区西道口、赵辛店，房山区良乡、窦店，到北京市与河北省交界处琉璃河，全长45.6公里。原称京石高速公路。六里桥至赵辛店14公里按城市快速路标准设计，设计速度为80~100公里/小时。赵辛店至琉璃河31.6公里按高速公路标准设计，设计速度为120公里/小时。其中永定河以西至赵辛店段为双向4车道，其余路段为双向6车道。京港澳高速北京段共有桥梁62座，其中互通式立交桥12座、铁路立交桥6座、跨河桥7座。工程分4期建设，六里桥至赵辛店段13.2公里为一、二期工程，1987年前建成；赵辛店至闫村段13.2公里为三期工程，1991年建设；闫村至琉璃河段18.9公里为四期工程，1992年至1993年建设。全线1993年11月竣工通车。沿线设置主线收费站1处、匝道收费站 7 处和服务区 1 处（窦店服务区），省界站琉璃河南收费站为北京与河北共用站。2005 年 6 月至 2006 年 1 月进行大修，三环至五环路段主辅路进出口进行调整和改造，采用"热再生工艺"处理旧沥青混凝土路面，针对超载车多，桥梁铰接板受力薄弱的特点，更换新型行车道板，加强板缝之间的横向连接，保证结构安全；采用水泥基渗透结晶型防水新材料修复桥梁混凝土脱落、梁板及桥台侧墙裂缝等病害，提高桥梁结构的使用年限。2007 年，改称京港澳高速公路。2010 年收费站日均通过量为 13.28 万辆。

北京—乌鲁木齐

京新高速公路（北京段）路线编号 G7。起于北京，止于新疆维吾尔自治区乌鲁木齐市，全长 2768 公里。北京段从北五环箭亭桥，到北京与河北交界的延庆区下营。原称京包高速公路，规划路线全长 94.3 公里。2007 年 4 月米家堡至下营（市界）段开工，2008 年 5 月竣工通车，全长 21.86 公里。同年北六环楼梓庄至德胜口段开工，2008 年 6 月通车，全长 19.38 公里，设计速度为 80~100 公里/小时，双向 4 车道加紧急停车带。设有互通式立交桥 4 座、分离式立交桥 6 座、跨河桥 13 座、铁路顶进箱涵 2 座、通道 8 座、隧道 2 座，设主收费站 1 处（太平庄收费站）。2010 年，日均车流量 1.33 万辆。2010 年年底京新高速公路（北京段）通车里程 41.24 公里。2017 年 7 月 15 日，京新高速全线正式开通。

参考书目

北京市测绘设计研究院.北京城市交通图.2010年3月第6版

北京市地方志编纂委员会.北京志·市政卷·道桥志 排水志.北京：北京出版社，2002.2

北京市地方志编纂委员会.北京志·市政卷·公共交通志.北京：北京出版社，2002.9

北京市地方志编纂委员会.北京志·城乡规划卷·市政工程设计志.北京：北京出版社，2009.7

北京市朝阳区地方志编纂委员会.北京市朝阳区志.北京：北京出版社，2007.12

北京市崇文区地方志编纂委员会.北京市崇文区志.北京：北京出版社，2004.5

北京市东城区地方志编纂委员会．北京市东城区志．北京：北京出版社，2005.8

北京市海淀区地方志编纂委员会．北京市海淀区志．北京：北京出版社，2004.4

北京市西城区地方志编纂委员会．北京市西城区志．北京：北京出版社，1999.8

北京市宣武区地方志编纂委员会．北京市宣武区志．北京：北京出版社，2004.11

后 记

  本书以北京市第一轮地方志书《北京志·市政卷·道桥志 排水志》相关内容为基础，参阅《北京志·城乡规划卷·市政工程设计志》《北京志·市政卷·公共交通志》及各区县志书有关城市道路的内容编辑而成。书中使用图片均来源于志书，在此向图片提供者致谢。

  由于资料所限，本书记述内容下限为2010年，部分内容下限至20世纪90年代，记述内容详略亦根据资料详略有所不一；又因编者水平有限，在编辑过程中亦难免有疏漏之处，敬请读者批评指正。

2018年10月